U0612034

◇ 经济系统复杂性论丛　主编 ◎ 伍海华

中国金融系统结构演进中货币政策传导机制的变迁

龙琼华 ◎ 著

ZhongGuo JinRong XiTong

JieGou YanJin Zhong

HuoBi ZhengCe

ChuanDao JiZhi

De BianQian

中国社会科学出版社

图书在版编目(CIP)数据

中国金融系统结构演进中货币政策传导机制的变迁 / 龙琼华著.
—北京：中国社会科学出版社，2013.11
ISBN 978 - 7 -5161 - 3546 - 4

Ⅰ.①中…　Ⅱ.①龙…　Ⅲ.①金融体系 – 系统结构 – 演变 –
影响 – 货币政策 – 研究 – 中国　Ⅳ.①F832.1②F822.0

中国版本图书馆 CIP 数据核字(2013)第 265756 号

出 版 人	赵剑英	
责任编辑	侯苗苗	
责任校对	刘　娟	
责任印制	李　建	

出　　版	中国社会科学出版社	
社　　址	北京鼓楼西大街甲 158 号 （邮编 100720）	
网　　址	http://www.csspw.cn	
	中文域名：中国社科网　　010 - 64070619	
发 行 部	010 - 84083685	
门 市 部	010 - 84029450	
经　　销	新华书店及其他书店	

印刷装订	北京市兴怀印刷厂	
版　　次	2013 年 11 月第 1 版	
印　　次	2013 年 11 月第 1 次印刷	

开　　本	710×1000　1/16	
印　　张	13	
插　　页	2	
字　　数	205 千字	
定　　价	48.00 元	

凡购买中国社会科学出版社图书，如有质量问题请与本社联系调换
电话：010 - 64009791
版权所有　侵权必究

目　　录

第一章　绪论 ………………………………………………………………………… （1）

　第一节　研究背景 …………………………………………………………… （1）

　　一　问题的提出 ………………………………………………………… （1）

　　二　相关研究述评 ……………………………………………………… （4）

　　三　选题意义 …………………………………………………………… （5）

　第二节　研究框架 …………………………………………………………… （6）

　　一　基本框架 …………………………………………………………… （6）

　　二　章节安排 …………………………………………………………… （7）

　　三　研究方法 …………………………………………………………… （9）

　　四　主要创新 …………………………………………………………… （9）

第二章　金融系统的界定 …………………………………………………… （12）

　第一节　金融内涵的发展 ………………………………………………… （12）

　　一　西方金融理论的发展脉络与金融视野的变迁 ………………… （12）

　　二　金融系统观与系统科学视角下的"金融系统"研究 ………… （17）

　第二节　金融系统 ………………………………………………………… （24）

　　一　经济运行中的金融系统 ………………………………………… （24）

　　二　金融系统的边界 ………………………………………………… （26）

　　三　金融系统的结构 ………………………………………………… （27）

　　三　金融系统功能 …………………………………………………… （30）

　　四　金融系统是结构不断演进的系统 ……………………………… （32）

第三章　金融系统结构演进的一般阶段 ………………………………… （34）

　第一节　初步发育的金融系统 …………………………………………… （34）

　　一　金融系统的创生 ………………………………………………… （34）

　　二　金融系统的初步发育 …………………………………………… （35）

　　三　创生和初步发育期金融系统的结构特点 ……………………… （37）

第二节　近代金融的系统化发展 ……………………………………（38）

一　英国金融系统的变迁 …………………………………………（39）

二　美国金融系统的变迁 …………………………………………（40）

三　德国金融系统的变迁 …………………………………………（42）

四　日本金融系统的变迁 …………………………………………（44）

五　金融系统在近代发展期的结构特点 …………………………（45）

第三节　现代的复杂金融系统 ………………………………………（46）

一　20 世纪七八十年代之前的复杂金融系统 …………………（46）

二　20 世纪 70 年代末、80 年代初至今 ………………………（48）

三　现代复杂巨系统时期金融系统的结构特点 …………………（51）

第四章　金融系统结构演进中的货币传导机制理论 ……………（58）

第一节　金融系统结构演进中货币传导机制理论研究
　　　　范式的转变 ………………………………………………（58）

一　古典经济学的"货币—物价"传导机制 ……………………（58）

二　忽视金融结构的传统货币传导机制理论 ……………………（59）

三　重视金融系统结构的现代货币传导机制理论发展 …………（61）

第二节　利率渠道理论及其金融系统结构基础 ……………………（63）

一　凯恩斯的利率渠道理论 ………………………………………（63）

二　IS－LM 模型下的利率渠道理论 ……………………………（64）

三　利率渠道理论的进一步发展 …………………………………（65）

四　利率渠道的金融系统结构基础 ………………………………（65）

第三节　信用渠道理论及其金融系统结构基础 ……………………（66）

一　银行贷款渠道理论 ……………………………………………（66）

二　资产负债表渠道理论 …………………………………………（67）

三　信用渠道的金融系统结构基础 ………………………………（69）

第四节　广义资产价格渠道及其金融系统结构基础 ………………（70）

一　托宾的 q 理论 …………………………………………………（70）

二　莫迪利亚尼的财富效应渠道 …………………………………（71）

三　布鲁纳—梅尔查模型 …………………………………………（72）

三　广义资产价格渠道的金融系统结构基础 ……………………（73）

第五节　汇率渠道理论及其金融系统结构基础 ……………………（74）

第六节　小结 …………………………………………………（75）

第五章　发达国家货币政策实践中货币传导机制的变迁 …………（76）

　第一节　美国货币传导机制的变迁 ………………………………（76）

　　一　40—50 年代初的货币政策 …………………………………（76）

　　二　50—60 年代的货币政策 ……………………………………（77）

　　三　70—80 年代的货币政策 ……………………………………（77）

　　四　90 年代以来的货币政策 ……………………………………（78）

　　五　货币传导机制的变迁 ………………………………………（81）

　第二节　英国货币传导机制的变迁 ………………………………（82）

　　一　1945—1976 年期间的货币政策 ……………………………（82）

　　二　70 年代中后期到 80 年代的货币政策 ……………………（83）

　　三　90 年代以来的货币政策 ……………………………………（84）

　　四　货币政策传导机制的变迁 …………………………………（84）

　第三节　日本货币传导机制的变迁 ………………………………（86）

　　一　二战后到 60 年代末经济起飞期的货币政策 ……………（86）

　　二　20 世纪 70 年代中期到 80 年代初经济平稳期的

　　　　货币政策 ……………………………………………………（86）

　　三　20 世纪 80 年代中期到 90 年代初资产泡沫时期的

　　　　货币政策 ……………………………………………………（86）

　　四　20 世纪 90 年代中期以来的宽松货币政策 ………………（87）

　　五　货币传导机制的转变 ………………………………………（87）

　第四节　德国货币传导机制的变迁 ………………………………（89）

　第五节　发达国家金融系统结构演进中货币政策传导机制

　　　　　变迁的启示 ………………………………………………（91）

第六章　中国金融系统结构演进的过程和前景分析 ………………（94）

　第一节　新中国金融系统结构演进的一般过程 …………………（94）

　　一　单一结构金融系统时期：1953—1983 年 …………………（94）

　　二　多元结构金融系统时期：1984 年至今 ……………………（96）

　第二节　中国金融系统结构演进的特点和发展前景 ……………（112）

　　一　中国金融系统结构演进的特点 ……………………………（112）

　　二　中国金融系统结构演进前景分析 …………………………（114）

第七章　中国金融系统结构演进中货币传导机制的历史沿革 … （117）

　第一节　中国货币政策运用的整体状况 ……………………… （117）

　　一　单一结构金融系统时期的货币政策实践 …………… （117）

　　二　多元金融系统结构初建时期的货币政策实践 ………… （118）

　　三　多元金融系统结构深化时期的货币政策实践 ………… （119）

　第三节　金融系统结构演进对货币传导机制的影响 ………… （130）

　　一　货币传导机制在作用方式上的转变 ………………… （130）

　　二　货币政策传导的管理目标系统和组织系统的变迁 … （132）

　　三　货币政策传导渠道的变化 …………………………… （133）

　第四节　小结 ………………………………………………… （136）

第八章　中国金融系统结构演进中银行贷款渠道效应的实证

　　　　　分析 ……………………………………………… （138）

　第一节　研究思路 …………………………………………… （138）

　　一　相关研究 …………………………………………… （138）

　　二　研究思路 …………………………………………… （139）

　第二节　单一结构和多元结构金融系统时期银行贷款渠道

　　　　　效应的比较分析 …………………………………… （139）

　　一　数据说明和处理 …………………………………… （139）

　　二　双变量协整检验 …………………………………… （141）

　　三　脉冲响应函数与方差分解分析 …………………… （141）

　第三节　过渡阶段和间接调控阶段银行贷款渠道效应的

　　　　　比较分析 …………………………………………… （146）

　　一　数据说明和处理 …………………………………… （146）

　　二　双变量的格兰杰因果检验 ………………………… （147）

　　三　脉冲响应分析 ……………………………………… （149）

　第四节　小结 ………………………………………………… （151）

第九章　中国金融系统结构演进中利率渠道效应的实证分析 … （153）

　第一节　研究思路和数据处理 ……………………………… （153）

　　一　相关研究 …………………………………………… （153）

　　二　研究思路 …………………………………………… （154）

　　三　数据说明和处理 …………………………………… （154）

第二节　过渡阶段实证 ···（156）

一　双变量的协整检验和 VECM 模型分析 ···············（156）

二　脉冲响应函数分析 ···（158）

第三节　间接调控阶段实证 ·······································（159）

一　双变量的协整检验和 VECM 模型分析 ···············（159）

二　脉冲响应函数分析 ···（163）

第四节　两阶段实证结果的比较分析 ···························（165）

第十章　中国金融系统结构演进中股票价格渠道效应的实证

　　　　分析 ··（167）

第一节　研究思路和数据处理 ···································（167）

一　相关研究 ··（167）

二　研究思路 ··（168）

三　数据说明和处理 ···（168）

第二节　过渡阶段实证 ···（169）

一　双变量的协整检验和 VECM 模型分析 ···············（169）

第三节　间接调控阶段实证 ·······································（171）

一　双变量的协整检验与 VECM 模型分析 ···············（171）

二　脉冲响应函数与方差分解分析 ···························（174）

第三节　两阶段实证结果的比较分析 ···························（177）

第十一章　研究总结与建议 ···（179）

第一节　研究总结 ··（179）

一　各章内容的概况 ···（179）

二　主要结论 ··（180）

第二节　相关建议和研究展望 ···································（183）

一　相关建议 ··（183）

二　研究的局限性和展望 ·······································（185）

参考文献 ···（187）

后记 ···（202）

第一章

绪　论

金融作为经济的一个子系统，是随着人类经济实践的发展而发生、发展的。以系统论的观点来看，任何系统都有一个由发生到结构演进的发展过程，作为经济子系统的金融系统也不例外。从历史角度考察，货币产生标志着金融系统开始孕育，之后沿着从简单要素状态到复杂组织的结构转变，并在结构转变基础上不断实现了整体功能的扩张与提升，对经济发挥着越来越重要的作用。金融系统结构和功能的演进，不仅仅提高了货币政策在一国宏观经济调控中的地位，同时也带来了货币政策传导机制的变迁。

第一节　研究背景

一　问题的提出

货币政策传导机制（简称货币传导机制）是指货币当局的货币政策操作通过某种渠道引发真实经济和通货膨胀率变动的过程。在市场经济条件下，这一传导过程一般有三个基本环节（见图1-1），其顺序是：① 从中央银行到商业银行等金融机构和金融市场。中央银行是货币政策的实施主体，商业银行等金融机构和金融市场是货币政策传导的中介，中央银行通过各种政策工具来实施对基础货币和基础利率的政策操作，进而影响商业银行等金融机构的准备金、融资成本、信用能力和行为，以及金融市场上货币供给与需求的状况；② 从商业银行等金融机构和金融市场到企业、居民等各类微观经济行为的主体。企业和居民等微观经济主体是货币政策作用的客体，商业银行等金融机构根据中央银行的政策操作调整自己的行为，从而对企业和居民的消费、储蓄、投资等经济活动产生影响；③从微观经济行为主体到社会各经济变量，包括总支出量、总产出量、物价、就业等，这些变量的变化是货币政策最终目标。显然，货币传导第一环节和第二环节充分说明政策传递实际上是通过金融过程来实现的，金融系统是货币政策传导中必不可少的中介和载体。

一般来说，对货币政策传导过程的考察可以从组织系统和管理目标系统两个角度来进行，通过这两个角度的分析也可以进一步认识金融系统在货币传导中的载体作用。货币政策的组织系统指的是货币政策运行中涉及的调控行为主客体和媒介，具体来说，是由中央银行—金融机构和金融市场—企业、居民等微观经济主体所组成的经济主体传导过程。从这一角度看货币政策的传导，政策制定和实施的主体中央银行是金融系统重要的组分；政策传导的媒介主体金融机构和金融市场是金融系统的核心组分，是联结各微观金融活动参与者的投融资行为的纽带；作为货币政策作用的客体，居民和企业也正是金融系统中具有适应性的参与者，是各种金融活动最终的行为人或服务对象。所以货币政策效应不仅仅取决于中央银行的"主动性"政策操作，还取决于传导政策意图的媒介——金融机构和金融市场的发展程度和相互的关系，以及居民、企业这些经济金融系统的参与者的行为选择。货币政策的管理目标系统指的是承载金融调控行为的一系列金融经济调控变量，具体由货币政策工具—操作目标—中介目标—最终目标组成的金融经济变量传导过程。这一传导系统显示金融系统的组分货币与非货币金融工具之间的关系，以及它们的价格（利率、汇率、股价等）之间的联结机制，都是中央银行进行货币政策各环节设计的根据，所以中央银行对货币政策工具、操作目标和中介目标的选择直接取决于金融系统结构的发展状态。

两个角度考察货币传导过程，都揭示出金融系统是货币政策传导的载体，金融系统结构决定了货币政策的运行，金融系统功能决定了货币政策的效能。在金融系统结构演进的不同时期，金融系统基本组成要素——金融工具、金融参与人、金融机构和金融市场的量和关联方式都有所不同，即金融系统结构复杂化程度不同，这使得金融在经济中扮演的角色和发挥的功能有所区别，也必然带来货币传导机制的变化，货币传导效果也因此存在显著差异。所以根据金融系统的结构演进来考察货

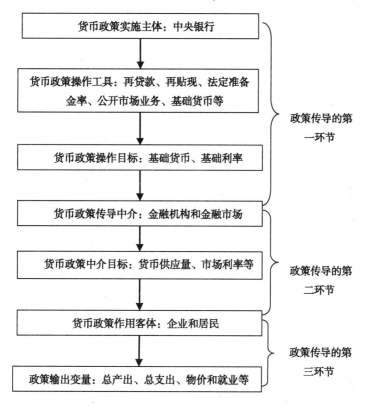

图 1—1　货币政策传导各环节图

币政策传导机制的变迁，对于研究货币政策传导效应和进行货币政策设计是非常必要的。

自新中国成立以来，中国金融系统经历了从无到有，从单一到多元的结构演进，货币政策调控手段、方式也随之发生了巨大的变化。1952年开始，中国确立了"大一统"银行为核心的金融系统，国家通过制定信贷政策来实现宏观货币信贷调控，货币传导机制具有单一性和直接性。但随着计划经济向市场经济的转轨，以 1984 年中国人民银行正式成为中央银行为标志，中国金融系统在结构上发生了革命性变化，多元金融机构系统取代了"大一统"银行系统，金融市场经过孕育和成长也成为重要的金融组织，金融正逐步发展为一个复杂巨系统。随着金融系统结构的多元化、复杂化，金融运作机制的市场化，货币传导机制也趋于多元化和间接化。近年来，金融结构的演进对货币传导机制的影响，也正成为我国经济界关注的问题。

正是基于以上背景，本书选择了"中国金融系统结构演进中的货币传导机制"作为研究主题。

二　相关研究述评

我国真正意义上的货币政策实践是从1984年人民银行正式成为中央银行开始，虽然运用货币政策进行宏观调控的时间不长，但在货币政策运用过程中面临许多困难和挑战，尤其是在1996—2003年年初的通缩阶段，扩张性货币政策的失效，引起了国内学者对货币经济关系广泛的重视，对货币政策传导机制问题展开了较多的研究，取得了一定的研究成果。这些研究成果主要集中在两方面：一方面引入并详细介绍了西方各种货币传导机制理论；另一方面以西方理论和数量研究方法为指导，从现实基础和实证检验角度研究了中国货币政策的效果。这些研究极大地推进了西方货币传导机制理论与我国货币政策实践的结合。但"金融结构对货币传导机制的影响"是近年来才得到国内学者关注的论题，相关的文献并不是很多。

樊明太在《金融结构及其对货币传导机制的影响》一文中，考察了中国金融结构转型中货币政策机制和货币传导机制变迁的轨迹，并根据结构分割点原则，实证检验了金融结构变迁对货币政策利率机制的影响，得到了金融结构变迁深刻地影响着货币传导机制的性质和作用程度的结论。中国人民银行济南分行课题组在《金融结构缺陷与货币政策传导有效性研究》一文中，指出金融结构是货币传导的主要机制和渠道的决定因素，并分析了欠发达地区在金融资产结构、组织结构、市场结构、客体结构上的缺陷及其对货币传导机制形成的阻碍，进而提出了改善金融结构以提高货币政策传导有效性的具体建议。闻超群、章仁俊在《金融机构对我国信用传导的阻碍因素分析》一文中，指出由于金融市场不完善和利率还未完全市场化，信用渠道在货币传导中占据主导地位；但由于金融机构在布局、资金来源和资金运用以及产权关系上存在结构不合理问题，银行贷款渠道的传导效率降低。周孟亮、王凯丽在《货币政策传导机制理论中的结构因素及其应用分析》一文中，指出货币政策的实际运行是一个动态的结构性作用过程，中国作为一个经济转轨的大国，影响其货币传导的政治、经济等环境处于深刻的变迁中，尤其在区域金融发展上的差异深刻地影响了货币传导的机制和货币调控的效果。蔡跃洲、郭梅军在《金融结构与货币传导机制》一文中，从货币传导机制机理出发分析了每一传导理论的金融结构基础，结合实际分析了中国经济金融结构与货币传导机制之间的关系，进而通过格兰杰因果检验和协整检验方法对信贷渠道和利率渠道进行了实证分析，结论是信贷渠道是我国主要的货币传导机制。屠孝敏在《经济结构、金融结构与我国货币政策传导机制研究》一文中，论证了中国现有的金融结构条件下，只能采用信贷渠道作为货币政策传导的主要渠道，并认为金融领域改革滞后于整个社会经济改革的步伐，导致金融结构与经济结构的不协调，是中国货币传导渠道不畅的根本原因。李吉在《试论我国金融结构变化及其对货币政策的影响》一文中，指出改革开放以来，我国金融结构的变化对货币政策实施效果产生重要的影响，并指出现阶段中国居民资产结构失衡、金融资源高度集中于国有商业银行、金融市场不发达等金融结构问题阻碍了货币政策的有效传导，削弱了货币政策效应。周孟亮、李明贤在《货币政策传导过程中的金融体系研究》一文中，指出现阶段我国信贷渠道传导效应正在减弱，而货币利率渠道传导效应正在加强。庞加兰在《我国货币政策传导机制的路径演进分析》一文中，通过对西方货币传导机制理论的剖析，指出一国货币传导机制的选择是基于该国特殊的金融制度和金融结构，在我国经济转轨时期，金融体系具有的过渡性特征形成了货币传导机制是以信贷配给为主要途径、利率和汇率途径相结合的局面。

显然，在这些关于"中国金融结构与货币传导机制"的有限文献中，学者们一致认同中国金融结构的特殊性决定了我国货币政策传导问题具有特殊性，金融结构的变迁对货币传导机制产生了深刻的影响，而完善金融结构是提高中国货币传导效力的主要对策。随着中国经济和金融结构转型的进一步发展，货币传导机制还会发生变迁，所以有必要进一步考察中国货币传导机制作用的机理、传导效应是怎样在金融系统结构演进中发生变化的。

三　选题意义

选择"中国金融系统结构演进中货币政策传导机制"作为研究论

题，目的是立足于中国金融系统从简单到复杂的结构演进的过程，来考察新中国货币政策传导机制的变迁，这一研究具有重要的理论意义和政策意义。

金融系统结构演进和货币传导机制作为两个论题，任何一个都是当前宏观金融研究中的有争议性的热点问题，而将两者联系起来，更是极具挑战的。国内学者已经开始从金融系统结构角度开展了对货币传导机制的研究，继续沿着这一方向，尤其是从金融系统结构演进角度展开对货币传导机制变迁的研究，这不仅仅是对金融系统结构基础上的货币传导机制研究成果的继承和丰富，还有助于深化关于中国金融结构发展模式的思考，并为我国通过金融改革，转变金融系统结构、提升金融系统功能，以疏通货币传导机制的金融实践提供指导。

第二节　研究框架

一　基本框架

鉴于论题联结了两个宏观金融领域的热点议题——"金融系统结构演进"与"货币传导机制"，所以如何有效地将二者的联系梳理清楚是首要问题。为此，本书以系统科学为指导思想，从金融系统及其结构演进的界定入手，进而对发达金融系统的结构演进历史进行考察，划分金融系统结构演进的一般阶段，为梳理货币传导机制理论变迁奠定基础，也为研究我国金融系统的结构演进奠定参照系。在此基础上，探讨货币传导机制理论的研究范式是怎样随着金融系统结构演进而发展的，并对现代多渠道货币传导机制理论的金融系统结构基础进行梳理，为研究中国金融系统结构演进中货币传导机制的变迁奠定理论基础。之后，梳理新中国金融系统从无到有、从单一结构到多元结构的演进历史，预测其未来发展方向，为中国货币传导机制变迁研究奠定金融结构基础。在理论梳理和对结构演进的事实分析基础上，从历史和实证两个角度论证中国金融系统结构演进中货币传导机制的具体变迁。最后，对研究进行总结，并提出完善我国金融系统结构，以提高货币传导机制效应的具体建议。总结来说，可以以下图简要表明文章的研究框架：

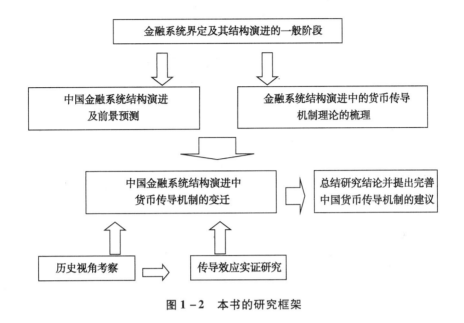

图 1-2 本书的研究框架

二 章节安排

围绕论题研究的基本框架，本书共分十一章来进行阐述。

第一章是绪论，首先通过问题的提出、相关研究的述评，引出研究的意义，然后对本书框架结构、章节安排与主要内容、研究方法等进行简要介绍，归纳研究的基本结论和主要创新点。

第二章是金融系统的界定，这一章通过对金融理论研究的发展脉络的大体梳理，从理论角度指出人们对金融内涵的认识逐步提高，从系统角度来认知和研究金融是当代金融研究中的新趋势。在此基础上，以系统科学为指导思想，对金融系统内涵、环境、结构和功能进行了界定。

第三章是金融系统结构演进的一般阶段，这一章分三个阶段对金融从无到有的形成、从不成熟到成熟的发育、从简单要素状态到复杂组织的转变，以及在转变基础上实现的功能不断扩张和提升的结构演进过程进行了考察，总结了各发展阶段金融系统结构所具有的特点，为分析金融系统结构演进中货币传导机制理论的变迁奠定基础。

第四章是金融系统结构演进中的货币传导机制理论，这一章根据金融系统的结构演进来考察货币传导机制理论研究范式的转变，从理论角度揭示了金融系统结构演进在货币传导机制变迁中的决定作用，并对各种渠道的货币传导机制理论进行综合评述，分析每一渠道赖以发挥作用的金融系统结构基础，为分析中国金融系统结构演进中货币传导机制的变迁奠定理论基础。

第五章是发达国家金融系统结构演进中货币传导机制的变迁，这一章采用一般描述的方式，对美、英、德、日四国金融系统结构演进中货币政策及其传导机制进行了总结，分析了货币政策实践中，金融系统结构演进对货币政策传导各环节，包括工具、目标和中介指标等的具体影响，进一步揭示出金融系统结构演进对货币传导机制的变迁具有决定性影响。

第六章是中国金融系统结构演进过程和前景分析，这一章梳理新中国金融系统由无到有、由单一结构向多元结构的演进历程，总结不同演进时期的结构特点，并预测我国金融系统未来发展的前景。

第七章是中国金融系统结构演进中货币政策传导机制的历史沿革，这一章从历史视角考察中国在不同金融系统结构演进时期货币政策运用的情况，分析我国金融系统结构演进对货币传导机制的具体影响。

第八章是中国金融系统结构演进中银行贷款渠道传导效应的实证分析，根据第七章对金融系统结构演进中货币政策传导机制变迁的时点划分，比较分析单一结构的金融系统时期和多元结构的金融系统时期银行贷款渠道的传导效应；比较分析多元结构金融系统时期中，货币政策在直接调控阶段和间接调控阶段银行贷款渠道的传导效应。

第九章是中国金融系统结构演进中利率渠道传导效应的实证分析，根据第七章对金融系统结构演进中货币政策传导机制变迁的时点划分，比较分析多元结构金融系统时期中，货币政策在直接调控阶段和间接调控阶段利率渠道的传导效应。

第十章是中国金融系统结构演进中股票价格渠道传导效应的实证分析，根据第七章对金融系统结构演进中货币政策传导机制变迁的时点划分，比较分析多元结构金融系统时期中，货币政策在直接调控阶段和间接调控阶段股票价格渠道的传导效应。

第十一章是结论与建议，总结全书的研究结论，并提出相应的建议。

三 研究方法

本书尝试以系统理论为指导，对金融系统结构演进中货币传导机制问题进行研究。在对金融系统界定和结构演进阶段划分，对多渠道货币传导机制的金融结构基础分析，以及对中国金融系统结构演进历程的梳理和前景预测中，尝试将系统理论的视野带到金融理论和金融发展历史的研究中，试图更全面地把握金融系统结构演进的全貌、更科学地把握货币传导机制与金融系统结构演进的关系。采用了由理论到实际（货币传导机制理论到中国货币政策运用和传导实际），由历史视角到实证验证（中国金融系统结构演进中的货币传导机制变迁的两个视角考察），从而构建研究的整体框架和论证"中国金融系统的结构演进决定了中国货币传导机制的变迁"这一核心思想。

本书采用结构分割点方法，运用时间序列计量经济学中的分析工具，包括格朗杰因果检验、协整检验、VECM 模型，以及基于 VAR 系统的脉冲响应函数和方差分解，来对相关货币政策变量和宏观经济变量之间的关系进行实证，以检验货币政策各渠道传导效应的变化。每一渠道的实证均分两步进行：运用协整、格兰杰因果或 VECM 模型检验货币政策变量、渠道变量、宏观经济变量之间的两两关系，以确定金融系统结构演进的不同时期和不同调控阶段中每一渠道的传导链条；在此基础上，构建由相应多元时间序列变量组成的 VAR 系统，运用脉冲响应函数或方差分解方法分析金融系统结构演进的不同时期和不同调控阶段中每一渠道的动态效应。

四 主要创新

本书的创新和特色主要体现在：

1. 以复杂系统理论为指导，对金融系统及其结构进行了界定，将金融系统的结构演进划分为古代的创生与初步发育时期、近代的系统化发展时期和现代的复杂巨系统时期。

2. 沿着金融系统结构演进的脉络，考察了货币传导机制理论研究范式的转变，指出理论研究的范式经历了由忽视金融系统结构到重视金融系统结构的转变，这是金融系统结构演进对货币传导机制影响的理论表现。

3. 通过理论梳理分析了每一种货币政策传导渠道发挥作用的金融系统结构基础，并以一般描述的方式对英、美、德、日四国货币政策传导机制在其金融系统结构演进中发生的变化进行了剖析，从理论和实践两个角度指出金融系统的结构决定了货币传导机制的性质、渠道和效应。

4. 对中国金融系统由以"大一统"银行为核心的单一结构到以银行为主导的多元金融机构和多层金融市场结构的演进历史进行了考察，指出现阶段推进金融系统结构演进的各方力量，决定了"以银行为主导的金融机构与资本市场的协调发展"是中国金融系统结构演进的新路径。

5. 分析了中国金融系统由单一结构向多元结构转型，对货币政策传导机制在调控方式、管理目标系统、传导载体和传导渠道上的具体影响，指出银行主导的金融系统结构特点决定了过去、现在和未来的一段时间中，银行贷款都是中国货币政策传导的主要渠道；而当前正逐步形成并不断强化的"金融机构与资本市场的协调发展"的结构演进新路径，也决定了利率、资产价格、汇率等渠道的作用将会越来越明显，最终会成为中国货币政策传导的主要渠道。

6. 根据对中国金融系统结构演进的时期划分，对单一结构的金融系统时期和多元结构的金融系统时期的银行贷款渠道传导效应进行了实证比较，证实了金融系统结构的演进带来了银行贷款渠道效应的改变：一方面银行贷款渠道的传导时滞拉长，另一方面银行贷款渠道的产出和价格效应提高了。

7. 对过渡阶段和间接调控阶段银行贷款渠道效应进行了实证比较，证实了间接调控时期银行贷款渠道的产出效应提高了，而价格效应在短期弱化而长期则提高了，表明金融结构的多元演进和货币政策调控方式的转变在一定程度上疏通了银行贷款渠道。

8. 对过渡阶段和间接调控阶段的利率渠道效应进行了实证比较，证实了两阶段利率渠道的链条机制和传导效应发生了变化：在过渡时期货币政策的利率渠道仅表现为中央银行调整金融机构存贷款基准利率－货币供应总量和宏观经济变量的链条机制；而在间接调控时期除了上面这一链条机制外还表现为中央银行针对货币总量的操作 – 货币市场利率 – 宏观经济变量；从传导效应来说，间接调控时期，货币政策利率渠道的产出效应和物价效应在短期得到改善，一方面说明利率市场化改革的深化和调控方式的转变在一定程度上疏通了利率渠道，另一方面也说明管制利率的存在，割裂了货币市场利率与贷款利率的联结，这是利率渠道效应较弱的主要原因。

9. 对过渡阶段和间接调控阶段的股票价格渠道效应进行了实证比较，证实了在间接调控时期股票价格渠道的传导效应显著提高，但这一渠道的总体效力还较弱。

10. 在综合分析我国金融结构演进特点和货币传导机制效应的基础上，提出了推进金融结构演进以提高货币政策传导效应的具体建议。

第二章

金融系统的界定

金融是一个历史的范畴，作为人类实践的一个部分，只有当人类实践发展到需要货币和信用，才有金融活动，进而随着人类金融实践的发展，才产生金融概念和其内涵的拓展。在商品经济发展的过程中，货币作为交换的媒介产生后，从某种意义上说，就已经出现了金融的雏形。此后随着货币形态的演变和信用形式的发展，各种金融工具和金融组织，以及金融制度相继出现和不断发展，使得金融在经济中的范畴不断扩展，功能不断提升，尤其是第二次世界大战以后，随着经济金融化，金融自由化和全球化，金融越来越成为一个复杂的巨系统，所以对于金融范畴、金融功能都要以历史的、发展的观点来看待。

第一节　金融内涵的发展

一　西方金融理论的发展脉络与金融视野的变迁

由于金融的发展和日益复杂化，人们对金融的理解不可避免地出现了不一致的认识，我们可以通过对金融理论研究的发展脉络的大体梳理看到金融内涵的变迁，经历了早期的"货币银行"金融观到"资本市场"为核心的经典金融观，再到金融系统意识，人们对金融的认识逐步提高。

（一）早期西方金融理论与金融的"货币银行"观

早期的金融实践主要集中在货币银行方面，自然地形成了以货币理论和银行信用论为核心的早期金融理论。

随着货币的出现，学者们开始研究与之相关的金融理论。考古学家认为，古希腊思想家亚里士多德（公元前384—前322年）在其《政治学》中关于货币的论述是西方货币理论形成的源头。对货币的作用以及货币与经济关系的讨论是西方货币理论中最古老也是最重要的论题，对这一问题展开系统研究的是从古典经济学派开始的。

古典学派和后来的新古典学派对货币都持有面纱观或中性观，即货币只是交易媒介，只在流通领域发挥作用，是覆盖于实物经济之上的一层"面纱"，它的变动只影响一般物价水平的变动，而不会对实体经济产生影响，货币对实体经济的作用是"中性"的。把经济整体机械地分为实物面和货币面两个对立的侧面，形成了将经济理论和货币理论截然分开的"两分法"，确立了货币理论只是研究货币数量与绝对价格的关系及绝对价格水平的决定问题的片面观点。

银行业的产生和发展，带来了对银行信用基本职能的探讨，在18世纪到19世纪前半期在此领域盛行的是由古典学派提出的"银行信用媒介论"，认为信用仅仅是转移和再分配现有资本的一种工具，其作用仅在于媒介现存资本，并不能创造新的资本，银行的功能仅在于媒介信用的供求。

从这一时期代表性的金融理论可以看出，这时的金融也就是"货币与银行"，由于货币的中性观和银行的信用媒介论，很自然地在古典经济学家看来，由货币和银行构成的金融也就是"中性"的。

（二）20世纪三四十年代的金融理论与金融"非中性"观

20世纪是人类社会发展极为重要的世纪，经济金融实践的发展也推动了金融理论的迅速发展。在货币理论发展史上，凯恩斯主义是重要的里程碑。他在1936年出版的《就业、利息和货币通论》被称为经济理论的一场革命，这本书深入揭示了货币对实质经济的影响，打破了货币中性论，将货币金融与经济理论融合在一起，填平了货币与实物之间相隔离的壕沟，使得货币分析由货币价格分析转变为货币收入分析，使得经济体系由"两分法"转变为货币经济理论体系，从而奠定了现代货币金融理论的基础，此后西方主流经济学者沿着这一体系不断深入研究，进一步揭示了货币数量与物价和经济增长之间的关系。

在银行理论上，"信用媒介论"已渐趋消沉，自18世纪就已出现的"信用创造论"得到进一步的发展，并成为这一领域最有影响力的理论。此理论形象地描绘银行"绝不是借贷货币的店铺，而是信用的制造厂"，银行的功能在于为社会提供信用，通过存贷业务进行信用创造，为社会创造新的资本，从而推动国民经济的发展。

显然在 20 世纪前半叶，金融理论的发展主要还是体现货币和银行方面，金融范畴也还主要是货币银行，但对金融和经济关系的看法已发生了根本的改变。货币经济分析法和银行信用创造的观点，指出了无论是货币还是金融中介对实质经济都不是无关紧要的，也就是说金融不是"中性"的。

（三）20 世纪五六十年代以来的经典金融理论与金融"市场"观

20 世纪五六十年代，由于西方直接融资发展迅速，金融市场上金融工具不断创新，新的金融机构不断涌现，于是出现了以商业银行、金融市场为研究对象的微观金融理论。代表性成果有：普鲁克诺提出的银行预期收入理论和银行资产负债管理理论、米勒在 1958 年提出的资本结构理论、夏普等在 1958 年提出的资本市场理论等。

随着资本市场理论的发展和成熟，这一时期在西方主流学者中形成了不同于以往的金融观和不同的金融分析法。之前，对金融的研究，主要是对货币银行的研究，金融范畴主要是"货币、信用与银行"，注重从宏观上分析货币银行与实体经济运行之间的关系，分析范式只是"货币分析"，所以金融研究还从属于经济研究，金融还不是独立的学科和研究范畴。之后，西方金融研究更重视金融市场，尤其是资本市场这一金融构成要素，对金融的视角不再是"货币和银行"，而是着眼于"市场"这一微观金融要素，分析范式突破了经济学的供求均衡分析范式，建立并完善了基于无套利均衡的"金融分析"范式，后者成为微观金融研究中的主流范式，西方学者也将金融学从经济学中独立出来，视为是独立学科来开展研究，并确定了金融学（现被称为经典金融学）的主要内容包括有效率的资本市场、收益和风险、期权定价和公司金融等。

此时西方主流学者的金融观可以用《新帕尔格雷夫经济学大辞典》中的解释来代表："金融以其不同的中心点和方法论而成为经济学的一个分枝。其最基本的中心点是资本市场的运营，资本资产的运营，资本资产的供给和定价。其方法论是使用相近的代替物给金融契约和工具定价……金融不是研究实物经济中所发生的问题，因此也不是研究在静态和确定性世界中所发生的问题。……尽管金融科学并不完全，一些被称为古典理论的主要原则却是可能得到公认的。"这一金融含义的论述凸显了金融市场，尤其是资本市场在现代金融中的核心地位，这确实反映了 20 世纪五六十年代以来西方金融世界发展的显著特征。

但是不可否认的是，经典金融理论忽视了金融中介、信贷市场等各国现实金融中普遍存在并发挥了重要作用的金融要素，忽视了金融的宏观意义和作用，把金融只视为金融市场的视角也过于狭窄了。而且经典金融理论是建立在古典经济世界上的，金融的原则是古典主义的，主要包括完全竞争的市场，没有摩擦，人是完全理性的，交易者和金融商品都是同质的等，这样的条件下，市场力量自然会使金融资产的风险和收益达到无套利均衡，金融世界是一个理想的完美世界，这和现实的资本市场是不相符的，更不能全面准确地描绘现实的金融运行。

（四）20 世纪六七十年代以来的现代金融理论与金融"系统"观

20 世纪六七十年代开始，西方各国普遍发生了通货膨胀，布雷顿森林体系崩溃和黄金非货币化，金融创新和科技的进步共同推动金融朝着自由化和复杂化发展，国际间的经济金融交流不断发展推动了经济金融全球化趋势的出现和演进，发展中国家在经济金融发展中遇到的不同于发达国家的问题等，这些使得西方金融学受到来自宏观和微观两方面的挑战，促使金融理论和金融视野发生了巨大的变化。

从微观层面上说主要有二：一是经典金融学是建立在完全理性的投资者行为基础上的理想模型，然而这一理想模型在越来越多的现实检验中出现了问题，人们发现了越来越多无法解释的市场异常现象，这一理论与实证的矛盾，推动了学者们对金融学的反思，并以心理学的研究成果为依据，从投资者的实际决策心理出发，重新审视主宰金融市场的人的因素对市场的影响，行为金融学（Behavioral Finance）便开始悄然兴起。二是经典金融学认为金融市场基础是完美的，因此长期以来将金融交易过程视为一个"黑盒"，当相关信息输入后，就会自动产生一个有效的定价，市场则根据这一价格为导向实现资本的最有效配置。随着信息经济学的发展，学者们日益认识到市场基础并不是完美无瑕的，而是存在着交易成本等各种市场摩擦。这一认识使得学者将金融研究的焦点逐步从资产定价转移到具体的交易过程，从而形成了微观结构理论这一新兴的金融研究领域。金融在微观层面上的发展把金融微观研究从忽视人、经济组织心理和行为，忽视交易成本和信息成本的古典分析或新古典分析，推进到引入并逐步重视人的心理、行为和金融组织行为等充分重视金融异质性基础上的现代分析。

较之微观上的变革，来自宏观上的挑战和变革更大。现代金融的发展显现金融市场是不完美的，而且从宏观上看各国金融体系在结构和演进路径上存在很大的差异，为何会产生这些差异是以"金融资产定价"为核心的经典金融学无法回答的，尤其是发展中国家模仿发达国家建立金融上层建筑时的许多成功和失败的经验，更是建立在发达国家金融实践基础上的经典金融学无法解释的，这推动了学者们探究金融系统建立、运行和发展的轨迹和制度基础以及金融系统结构和金融发展内涵，使得现代西方金融研究走出了局限于微观层面的不足，迈向了更为广阔的研究天地。

总体来说，金融在宏观领域的发展主要表现在：一是金融发展理论。金融发展理论是以发展中国家金融问题作为研究对象的，初期以戈德史密斯 1969 年提出的金融结构论、麦金农 1973 年提出的金融抑制论、肖 1973 年提出的金融深化论等为代表。指出一国的金融系统主要由金融中介和金融市场组成，金融系统及其结构的发展对经济增长有着重要的作用。到了 20 世纪 90 年代，伴随着内生增长理论的兴起与传播以及 King 和 Levine 的论文《金融与增长：熊彼特也许是正确的》(1993)，使得金融发展领域的研究跃上了新台阶，把金融发展的研究从一般的结构描述，推动到发展模式划分和发展轨迹探析，从金融发展与经济增长关系的一般因果论证，发展为将金融活动纳入经济增长模型之中进行理论和实证论证，从信息成本、交易成本、参与成本和风险管理等角度论证了金融中介和金融市场的存在基础、重要性和对经济增长的贡献，从而产生了"内生金融理论"。后来在此基础上 Merton 和 Bodie 1995 年把对金融演化的探讨从单纯的机构或市场视角，推动到功能视角，提出了金融系统的"功能观"，改变了传统的金融机构分析视角，对理论界产生了巨大的影响。此外，1998 年，La Porta、Lopez-de-Silanes、Shleifer 和 Vishny 四位经济学家发表了《法与金融》(*Law and Finance*) 一文，为人们开启了认识和分析金融市场发展的新视野，推动了以法律、文化传统和利益集团等制度因素视角的内生金融理论的形成和发展。

二是国际金融理论。国际货币体系的发展在 20 世纪 70 年代极大地推动了国际收支、汇率、国际资本流动理论的发展，出现了诸如戈森的"国际借贷说"，蒙代尔的国际收支"货币分析法"等。20 世纪八九十年代，随着拉美债务危机、墨西哥金融风暴，再到亚洲金融危机的不断爆发，推动国际金融理论研究从汇率、国际收支等走向一国和全球金融安全问题。显然，金融研究在宏观上的发展和进展从根本上改变了金融视野和金融分析法。

综观 20 世纪六七十年代以来西方金融理论发展的脉络，金融研究的轨迹由微观转向宏观和微观交叉侧重进行的思路，由国内转向国际，由发达国家转向发展中国家，并开创了用多维和动态的视角来研究金融演变和金融运行的思路，使得金融研究领域越来越广，内容越来越丰富。金融研究视野的开阔使得经典金融的金融市场观被打破，形成了金融系统观（当然还不是系统科学的系统概念），金融市场、金融工具、金融中介、金融政策和制度等都是金融的重要组成部分。

二　金融系统观与系统科学视角下的"金融系统"研究

西方现代金融理论，尤其是金融发展理论体现了宽泛的金融视野，提出把金融视为由各金融要素构成的系统来研究——金融系统观。从金融系统的结构、功能等不同角度对各国金融发展进行研究，把金融研究从货币分析推进到广义的金融分析。这为我国学者研究中国金融发展提供了很好的理论指导，中国金融的复杂性显现，最终促使国内学者以系统科学和西方金融发展理论为指导，把金融作为系统进行了开创性研究。

（一）西方金融发展理论中的金融系统观

戈德史密斯在 1969 年出版的《金融结构与金融发展》一书中提出了金融结构论，从而为金融发展理论奠定了基础。他明确地提出了金融结构概念，即一国现存的金融工具和金融机构之和就构成该国的金融结构，这包括各种现存金融工具（分为债券证券和股权证券）与金融机构（分为负债为货币的金融机构和负债不是货币的金融机构）的相对规模、经营特征和经营方式，金融中介机构中各分支机构的集中度等。并构建了以 FIR（金融相关率）、金融中介比率、金融机构发行需求的收入弹性等衡量一国金融结构特征的一系列数量指标体系。在界定金融结构的基础上，他进一步指出金融结构不是一成不变的，会随时间的推移而发生不同的变化，并认为金融发展就是指金融结构的变化，世界各国的金融发展都是通过金融结构由简单到复杂、从低级向高级方向的变化来实现的，而且都是沿着一条共同道路在前进，这意味发达国家的道路就是发展中国家金融发展的参照系。显然在戈德史密斯的金融结构论中，已开始把金融视为由金融工具和金融机构组成的一个体系或系统，把以往的"货币分析"扩展为"金融分析"，并开创了从金融结构的量性指标变化上来衡量各国金融发展水平的研究思路。

爱德华·肖（E. S. Show）（1973）和罗纳德·麦金龙（R. I. Mckin-non）（1973）分别提出了"金融深化论"和"金融抑制论"，标志着金融发展理论正式形成。"金融抑制论"指出发展中国家存在的金融抑制（即政府对金融系统和金融活动的过多干预压制了金融系统的发展）使得金融系统配置资源的功能受损，从而阻碍了资本形成和经济增长，形成了金融压制和经济落后的恶性循环；"金融深化论"则进一步指出要解决这一问题，必须取消金融管制，放开利率，实行以利率市场化为主要内容的金融深化或金融自由化，通过金融自由化来建立健全金融系统，这样就能有效地动员社会闲散资金，并完成向生产性投资的转化，提高资金效益推动经济发展，而经济发展了也会进一步刺激金融需求和金融业的发展。肖和麦金龙的理论不仅仅体现了金融系统观，而且突出强调了金融系统和金融政策在经济发展中的核心地位，并认为可以通过金融自由化来改变发展中国家金融落后的状况。

受肖和麦金龙的金融发展理论的影响，自 20 世纪 70 年代中期以来，许多发展中国家纷纷进行了以金融自由化为核心内容的金融改革，试图借此成功塑造有助于经济发展的金融系统，但由于种种原因都以失败告终。虽然各发展中国家按西方发达国家金融系统模式的改革失败了，但这一理论指导下的实践也说明：金融作为一个系统，有着自身的演化机制，可以人为设计它，但它的演化结果并不是人为的结果。以经验式的主观判断为基础的金融发展理论忽视了金融发展是个系统工程，是要建立在各国实际基础上的，盲目地、激进地以发达国家金融系统模式来塑造发展中国家的金融发展，忽视这一模式发挥作用和功效的制度、文化、经济土壤，这样的理论为指导的金融改革当然必然失败。

　　发展中国家金融改革的失败也促使理论界对以往的理论进行反思，90年代金融发展理论家批判地继承了麦金龙和肖的观点，提出了"内生金融增长论"，一方面认同金融系统观，认同金融发展包括金融中介体和金融市场两个方面的发展，认同金融发展与经济发展是相互影响的；另一方面则进一步挖掘了金融发展的内生根源，将金融活动纳入经济增长模型，通过引入不确定性、不对称信息和监督成本等探讨了金融系统的构成要素——金融市场和银行中介是如何在经济发展过程中内生形成的，对金融市场和金融中介的形成做出了规范意义的解释，并采用理论模型和实证方法对金融系统发展与经济增长关系进行了大量的研究。提出发展中国家和转型国家的金融发展新路径——金融约束，即在实行金融自由化初始条件不具备时，政府对金融部门进行适当干预，这种约束有助于金融深化和经济发展。还有许多内生金融增长理论学者着眼于企业外源融资——通过金融市场或金融中介融资的角度，将一国金融系统划分为两类：以市场为主的金融系统（Market – based Financial System）和以银行中介为主的金融系统（Bank – based Financial System），从而考察不同金融结构与经济增长的关系，以比较不同金融结构在经济中的比较优势。从这一理论的主要内容不难看出，它不仅仅发展了金融系统观点，而且从经济自身的发展过程中来研究金融组织——金融市场和金融中介的形成原因，这从某种意义上看，是属于对金融系统演化动力机制的探讨；对金融系统结构类型的划分，不仅仅为金融系统功效比较分析提供了研究思路，更试图回答哪种结构的金融系统更有发展优势，为后来的金融系统演化轨迹和发展趋势研究奠定了基础。

　　从金融结构论到金融内生增长论，体现了西方学者越来越以系统的观点来看待和研究金融运作和其与经济的关系，但基本还是以金融要素量的规模增长和比例变化的金融"量"性研究，是把现存的金融机构和金融市场视为既定的来研究其产生、发展和作用于经济的机制（即所谓金融系统结构研究的机构观，institutional perspective），忽视了金融系统的整体性和复杂的演化机制，所以虽已用系统来统一对金融的认识，但在认识方法和手段上还属于还原论，即从系统构成要素来认识系统，还未从系统整体角度来认识金融系统。对金融系统的整体性认识集中体现在近年来金融发展理论的新发展上——金融功能观和制度视角的内生金融理论。

美国哈佛大学著名金融学教授默顿（R. Merton）和博迪（Z. Bodie）于 1993 年提出了基于金融市场和金融中介的功能观点的金融系统改革理论，即"功能观点"，并于 1995 年组织了专门的研究小组进行研究，其主要的研究成果概括在《全球金融系统：功能观点》（1995）一书中。"功能观"认为金融系统的功能相对于机构（包括金融机构和金融市场）来说更具稳定性，而机构作为金融系统的制度安排是随功能而变化的，而且金融系统的功能比金融系统的组织结构更重要。认为金融系统的最主要功能是在一个不确定的环境中，便利资源在时间和空间上的配置，从最一般的意义上看，金融系统主要提供以下 6 种功能：（1）清算和支付结算；（2）聚集和分配资源；（3）便利资源在不同时空、不同主体之间的转移；（4）提供风险管理；（5）提供信息；（6）解决信息不对称带来的激励问题。提倡从系统功能角度研究金融结构的变化和发展，认为金融系统的功能决定了其结构（包括产品形态结构、机构形态结构和市场形态结构），而且随着技术和环境的变化，金融市场和金融机构之间的金融创新螺旋推动着金融系统朝着一个更为有效结构演进。提倡通过金融基础设施（包括法律体系、会计制度、交易清算组织、监管结构等）和公共政策的改善，来保证金融系统有效行使金融基本功能。显然，功能观突破了把金融各要素视为既定的机构分析框架，把金融市场和金融机构视为为履行功能的制度安排，放在统一的整体功能框架下来研究，实际上是一种基于金融系统的整体观，刻画了金融质性发展的重要方面——金融整体效应（金融功能），从而比机构观更好地解释了全球金融系统结构演变趋势。但是功能观又把系统功能提高到系统物质结构之上，抽象掉金融工具、金融中介、金融市场等具体形式和载体来探讨金融作用于经济的具体机制，是脱离金融各组成要素及其结构来谈金融的功能，认为功能（整体效应）决定金融结构，这好比脱离物质谈运动和联系一样，因为和任何一个系统一样，金融系统也是由各个物质要素构成的，它的功能不是超物质的力量，是一个具体的、历史的范畴，是存在于具体的金融工具、金融机构、金融市场、金融从业人员和金融协调机制之中的。所以舍弃现象研究本质正是金融功能观的特点，也是它的致命弱点。

制度视角的内生金融理论出现的标志是在 1998 年，La Porta、Lopez-de-Silanes、Shleifer 和 Vishny 四位经济学家发表的《法与金融》（*Law and Finance*）一文。在此文中四位学者对 49 个国家法律起源、法律对投资者权力的规定和执法效率等进行了比较，表明习惯法起源的国家更注重对小股东的保护，因而有利于股票市场发展，民法起源的国家更注重对贷款的保护，有利于银行主导型金融结构的形成。他们开拓性地从法律制度和融资模式的关系来研究金融体系和公司治理结构的差异，以及由此差异带来的经济绩效和经济增长的关系，为人们开启了认识和分析金融市场发展的新视野，并宣告了"法和金融"这一新的金融发展研究领域的诞生，推动了以法律、文化传统和利益集团等制度因素视角的内生金融理论的形成和发展。制度视角的内生金融理论进一步拓宽了金融的视角，把金融发展和与之相关的外部环境紧密联系起来，可以说在金融系统演化和其演化的动力机制研究方面又推进了一步。

综合来看，西方金融发展理论逐步由从金融发展的某一时期现状研究发展为重视金融演变的过程研究，从某一要素的量性研究到关注要素间关联机制和整体功能以及金融系统和经济、文化、法律等环境的关系之质性研究。换而言之，金融分析已由"货币分析"，拓展为对金融各要素构成及其作用机制研究的宏观和微观结合的广义金融分析，金融发展理论体现了一定的系统意识，形成了金融系统观，但由于研究范式仍主要停留在"分析"上，还不是真正的"系统"综合。

（二）国内学者以"系统科学"为指导对金融系统研究的主要成果

系统科学是 20 世纪产生的一门横跨自然科学、社会科学和工程技术的新兴科学，是把事物看做系统，研究系统组成、结构及其演化与发展一般规律的科学。1945 年奥地利科学家贝塔朗菲（L. V. Bertalanffy）在《德国哲学周刊》上发表了《关于一般系统论》，标志着系统科学的诞生。之后经历了一般系统论、信息论和控制论为核心的老三论，到以耗散结构理论、协同论和突变论为核心的新三论和非线性科学与最新的研究进展——复杂性研究。其原理与方法对许多学科产生了积极的推动作用。在金融发展研究领域，系统科学的指导作用越来越被中国学者所重视。

由于我国自改革开放以来，在三十多年时间走过西方发达国家几百年的发展历程，我国的金融发展轨迹有着与西方发达国家不同的特点，加上中国处于 1997 年亚洲金融危机波及的核心地带，这些金融实践使得国内学者对金融复杂性的认识在某种程度上比西方国家学者更深刻。自 20 世纪末以来，以白钦先、孔祥毅等为代表的经济学者开创了以系统科学视角研究金融系统的先河。

白钦先以广阔的历史视角深入考察了多个国家金融发展进程，对"金融是什么"这个基础问题进行了重新解读。在 1989 年出版的《比较银行学》专著中，提出了"九大金融相关要素"为核心的金融系统论，认为"金融发展战略、组织形式、框架结构、构造方式、业务分工、监督管理、运行机制、运行环境和总体效应九大金融相关要素"构成了金融有机整体。九大要素论有着深刻的金融系统内涵：（1）金融发展战略、构造方式说明了金融是以人为主体的，且人对金融发展具有战略规划能力，具有预期和适应能力，正是人的这种适应性推动了金融的复杂性；（2）运行机制、组织形式、框架结构、业务分工、监督管理构建出金融的自发秩序和人为秩序，人类正是利用自发的市场秩序（自组织）和主动的规管实现了金融总体秩序，使金融复杂性增长的同时不至于造成混沌；（3）运行环境与总体效应说明了金融是开放的系统，同时金融是有秩序的统一体，具有总体效应，即金融功能。在此基础上，针对 1997 年亚洲金融危机，白钦先又提出了"金融资源说"，认为"金融是依赖特定保证体系（金融体制）、特殊载体（金融商品）的社会财富索取权：是具有数量（货币和资本）累计和功能累积的、特殊的、内在于经济的社会资源"，并将之分为三个层次：一是起初性核心金融资源，即广义的货币或资金，是金融资源的最基本层次；二是实体性中间金融资源，是金融资源的中间层次，包括金融组织体系、工具体系、金融制度和金融人力资源；三是整体性高层次金融资源，即金融系统整体效应。金融功能也有三个层次：基础功能（服务功能和中介功能）、主导功能（资源配置功能、经济调节和风险规避功能）、派生功能，金融功能既有正功能，也有副功能（如金融危机）。从分析角度看，金融资源说是从金融系统相关要素、要素间协调机制到总体效应多个层面去研究金融发展问题，所以它将金融机构观和金融功能观综合到一起，是一种全面的金融发展观（林广明、谭庆华，2004）。作者在其研究过程中还指出，现代金融已不同于传统金融，传统金融是一个较为简单的行业性、中介性单一服务系统，现代金融已成为包括银行金融、非银行金融、商业性金融与政策性金融等众多因素的庞大的复杂的巨系统，金融演进也就是金融功能的扩张和提升，就是金融发展。这一"资源观"是一种"综合视角"，包含了丰富的系统思想，是把分析和综合相结合的新的金融研究范式的有益尝试。

孙祥毅（1998）通过考察百年金融制度的变迁轨迹和透视1997年亚洲金融危机对金融研究提出的挑战，以中庸哲学、信息经济学、博弈论、新制度经济学和古典经济学等为理论基础，以系统科学理论为方法论，提出了金融协调理论。

周小川（2004）提出"金融生态"概念。徐诺金（2005）对这一概念系统化提出金融生态即"指各种金融组织为了生存和发展，与其生存环境之间及内部金融组织相互之间在长期的密切联系和相互作用过程中，通过分工、合作所形成的具有一定结构特征，执行一定功能作用的动态平衡系统"。并指出金融生态具有"生命性"、"竞争性"和"自适性"的生态特征。这一概念不仅有着深刻的系统内涵，而且有着现实的政策含义"我们发展金融时，不能简单拷贝成熟市场"，"真正立足中国实际，深刻体认中国金融演进中的问题和难题，遵从生态演进规律，给出中国特殊市场条件下的生态金融发展模式。而不是模仿、模仿，赶超、赶超，企图用十年时间走完西方百年的路程"。这些理论都带有越来越浓厚的复杂性系统科学思想，分析的方法已突破一般的金融分析，开始把金融分析与系统综合结合起来。

总而言之，西方发展金融学家拓展了金融视角和内涵，把金融研究推进到广义的、多维的金融分析，而国内学者更是在西方金融发展理论的指导下，开辟了系统科学视角的金融系统结构、功能、演化的研究，进一步拓展了金融视野和金融分析，可以说把金融视为复杂系统，采取金融分析和系统综合相结合的范式，是当今和未来研究日益复杂的金融系统的必然潮流。

第二节　金融系统

虽然在西方金融发展理论和我国学者都对金融系统进行了定义，但前者还不是真正的以系统科学的视角所做的定义，后者的研究还刚刚起步。所以在这里，根据系统科学对系统的有关概念和本书研究的需要，对金融系统做如下界定。

一　经济运行中的金融系统

从一般意义上看，金融系统是经济系统的子系统，是由相互作用的各金融相关要素（或组分）构成的有机整体，在经济运行中发挥着一定的整体功能。所以要在经济运行过程中来界定金融系统。利用经济学中基本模型——两部门经济系统的循环流向图（见图2-1），我们可以较清晰地看到现代经济系统的运行，以及作为经济系统子系统的金融系统之概貌。

如图2-1所示，两部门经济系统的循环流向图假设整个经济系统是由有厂商和家庭构成，家庭是消费单位，厂商则是专门从事生产的经济组织，但生产必需的各种生产要素是由家庭部门拥有。在货币经济条件下，家庭和厂商很自然地会在产品市场、要素市场和广义的金融市场三个市场中相互交易、相互影响和相互作用，形成两种经济"流"——"物资流"和"资金流"。物资流即商品买卖、要素交易形成的物资流动过程；资金流指的是货币形态的价值运动过程，这里包括两类：第一类是单纯地为商品、要素买卖服务并直接从属于物资流的资金流，第二类是与物资流保持相对独立的媒介储蓄向投资转换的资金流，表现为资金的融通过程。

具体而言，厂商为进行生产必须从家庭手中购买各种生产要素，从而形成了要素市场。同时，家庭要生存发展就必须从厂商手中购买各种产品来满足消费所需，从而形成了产品市场。货币经济条件下，这两种交易都以货币为交易媒介，在经济运行中就出现了紧密相连的物资流和第一类资金流。家庭出于未来消费和特定消费需要，会将一部分当期收入储存起来形成国民经济循环中的漏出或储蓄，而企业为扩大生产必须

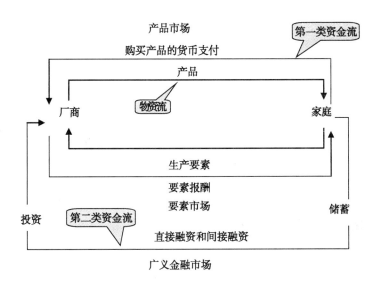

图 2 - 1　两部门经济系统的循环流向

要增加资本投资，这意味经济中同时出现了资金有余和资金不足，这种不平衡客观上促使了联结资金余缺双方的调剂机制的形成——广义金融市场。在此市场中，厂商和家庭角色发生了变化，厂商成为资金短缺单位，家庭则是资金有余单位，在市场法则基础上，二者之间会通过直接或间接的方式进行资金融通。所谓直接融资（或直接金融）就是通过证券市场等狭义金融市场直接发售股票、债券等金融工具，使货币资金从资金有余单位（或称储蓄者、贷款人）流向资金短缺单位（或称投资者、借款人）。所谓间接融资（或间接金融）就是储蓄资金通过银行等金融中介机构集中起来，再通过金融中介机构的贷款融通给资金短缺者。直接金融和间接金融活动不断持续进行，使得各经济组分之间形成了错综复杂的金融关系和规模巨大的第二类资金流。第二类资金流不同于第一类资金流，它在运行上具有相对的独立性，不直接反映物资流，不直接从属于物资流，不直接反映商品交易关系，体现的是通过信用或金融工具交易实现的金融关系（信用关系），而且在现代经济运行中其规模比物资流要大很多，对经济活动有着越来越重要的影响。也正因此，经济学家通常称现代经济是金融经济。在资金有余和短缺方以及各种金融组织之间存在的广泛和复杂的联系，又促使各种成文和不成文的金融制度和规章的形成，以约束和规范各方行为，使得金融活动能有序进行。

所以，这样一种以储蓄向投资转化为基本目标，由货币资金、各种金融工具、金融中介和金融市场、各种金融规制和金融活动参与者构成的广义金融市场实际上就是我们这里所定义的金融系统。

二 金融系统的边界

系统科学认为，把系统和环境分开来的东西，称为系统的边界。从空间看，边界是把系统与环境分开来的所有点的集合。从逻辑上看，边界是系统的形成关系从起作用到不起作用的界限，规定了系统组分之间特有的关联方式起作用的最大范围。边界的存在是客观的，凡系统都有边界。但有些系统具有明确的边界，有些系统的边界并不明确。尤其是社会中的经济、文化、教育等系统难以给出明确的边界。某些复杂系统的边界有模糊性，元素从属于它到不属于它是逐步过渡而非"一刀切"的。在有些情况下，不同系统在其相邻部分相互渗透，你中有我，我中有你，无法通过有限的步骤明确地划分开来。也就是说，对于经济等社会系统，在划分系统边界时要充分考虑其边界的相对性，常常要根据所关心的问题从千丝万缕相互联系的事物中相对孤立地选取一部分作为研究对象。

金融系统是社会经济系统的子系统，经济系统也是金融系统的环境。在现代金融经济中，任何一种经济活动都离不开货币及其运动，金融活动的参与者也正是经济活动的微观主体，经济与金融的交融，使得要在经济系统这个大环境中简单线条性、明确性地划出金融系统的边界是不可能。那么，怎样来看待金融系统这种复杂的社会经济系统的边界呢？这里我们仍依照经济运行中的两类资金流来划分。在第一类资金流中，也离不开金融系统中各金融组分，尤其是货币这种资金流的载体和银行这种金融中介机构的支付清算服务，而且在实际经济运行中，有时难于截然将第一类资金流与第二类资金流分开，但是这类资金流直接依附于物资流，没有物资流就不会有这类资金流；更重要的是这类资金流不体现金融关系（或信用关系），没有形成债权债务关系，也没有货币外的金融工具的交易和流动。而金融关系是金融的要义所在，是现代金融实现储蓄向投资的转化这一基础功能的必然，可以说这正是金融系统的质性规定，是区别金融活动和其他经济活动的重要标识。所以本着相对性原则和我们关心的金融资金流运行问题，定义金融系统的边界就是金融的质（金融关系或第二类资金流）从存在到消失的界限。

三　金融系统的结构

系统研究最关心的是把所有元素关联起来形成统一整体的特有方式（包括关联力）。组分及组分之间关联方式（系统把其元素整合为统一整体的模式）的总和，称为系统的结构（structure）。当系统的元素数量很多、彼此差异不可忽视时，不能按照单一模式对元素进行整合，需要划分不同的部分，分别按各自的模式组织整合起来，形成若干子系统（subsystem），形式化地说，给定系统 S，如果它的元素集合 S_i 满足以下条件，则称 S_i 为系统 S 的一个子系统或分系统：

（1）S_i 是 S 的一部分（子集合），即 $S_i \subset S$；

（2）S 本身是一个系统，基本满足前述系统的要求。

相对于 S_i，S 称为整系统或母系统，元素和子系统都是系统的组成部分，简称组分。若以 A 表示系统 S 中全部元素构成的集合，R 为元素之间关系的集合，则系统的结构可以表示为：

$$S = <A, S_i, R>$$

不同国家有着不同的发展历史和发达程度，这使得金融系统发展状况上存在着国别差异，尤其是与发达国家金融相比，发展中国家金融在各方面都落后。但无论是发达国家的金融系统还是发展中国家的金融系统都是物质系统，在微观层次上具有统一性，即它们都是由基础的金融要素组成的，都具有一定结构，并在一定结构基础上发挥了一定的整体功能。金融系统的结构就是构成它的组分及组分之间关联方式的总和。

在现实经济系统中，不仅仅存在着企业和家庭这样的经济单位，还存在着政府和涉外经济活动，而且家庭也不仅仅只是储蓄存款人，企业也不仅仅只是借款投资人，家庭、企业、政府和外国人都有可能在需要时成为资金有余者或资金短缺者，而且还会经常在这两者之间变换角色或同时扮演两个角色，考虑到这些，可以进一步用图 2 - 2 来表示金融系统的资金运行概貌。所以金融系统可视为是一个有关融资性资金集中、流动、分配和再分配的系统，是由资金流出方（储蓄贷款人）、流入方（借款人）和联结这两者的金融中介与金融市场，以及资金流动的载体——各种金融工具和界定各方关系和行为规则的金融规制等金融组分构成的。

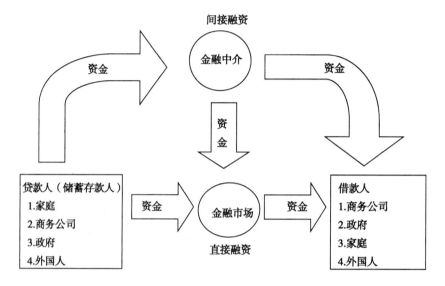

图 2 - 2　现代金融系统构成与融资方式

资金的流出方和流入方可以统称为金融活动参与人。现代经济中由于信用的社会化，使得几乎所有的企业、居民、政府和外国经济单位作为资金盈余或短缺单位，成为金融服务的需求者，成为金融系统的"家庭成员"。特别是企业，它是金融活动的主要参加者，是金融服务的主要需求者。艾伦和盖尔指出："只有关注到公司部门，对一国金融系统的探讨才具有完整性。"[①]

金融工具是金融活动参与者活动的对象，从其持有人角度来说就是金融资产，包括基础性的金融工具和衍生性的金融工具，如货币、票据、债券和股票、期权期货等。这些工具都是由金融活动参与者或金融机构创造和提供的，并能在金融市场进行买卖，是联结金融机构和金融市场的载体。

金融机构可以说是金融系统的细胞，指那些主要业务是提供金融服

---

① 摘自［美］富兰克林·艾伦、道格拉斯·盖尔《比较金融系统》，王晋斌等译，中国人民大学出版社 2002 年版，第 13 页。

务和产品的企业，包括银行、投资公司和保险公司等。它们是资金融通的媒介和金融服务的提供者，正是金融机构赋予了金融系统以"活力"和"生命力"，是金融系统中最具适应性的主体，它们在与环境以及其他主体进行持续不断的交互作用的过程中，不断地"学习"或"积累经验"，并且根据学到的经验改变自身的结构和行为方式，进行金融创新并不断将之推广到金融市场，推动了整个金融系统的结构演进。

金融市场（这里指的是狭义的金融市场）是通过各种金融工具发行、交易的场所或机制。通过金融市场上的交易活动，实现资金融通，可以说它是资金余缺双方和金融机构开展活动的"土壤"。金融市场有的有固定的物理场所，如证券交易所、期货交易所；有的没有特定的地点，如股票、证券和外汇的场外交易市场。

金融规制是一系列调节经济主体之间的金融关系，规范他们在金融交易活动中的行为规则，包括协调金融交易各要素关系，尤其是金融市场和金融机构关系的正式或非正式的，有形或无形的制度。在现代金融活动中，金融规制对金融要素之间复杂的金融联系起着协同的作用，从而成为金融系统有序发展的重要保障。

金融组分之间存在着多样的联系，分析金融系统各组分之间的关联是系统结构分析的重要部分，但由于金融系统要素数量众多，而且具有多层次，很难将这些联系一一描述和分析清楚。通过金融系统资金流图，可以清晰地看到，由金融活动的参与人和金融工具构成的高层次系统组分——金融机构和金融市场是金融系统的核心内容和联结纽带：直接融资和间接融资两种基本融资方式是通过金融机构和金融市场的运作而实现的；家庭、企业等金融活动参与人和金融服务需求者是通过金融机构和金融市场而发生联系，金融工具是在金融机构和金融市场中进行交易而为资金余缺调剂来服务或实现流动性；不同的金融规制往往也是针对金融市场运行和金融机构业务开展而制定的。所以金融市场和金融机构是金融系统的核心构成组分，对金融系统的结构演进起着决定性作用。这意味在金融组分之间的关系分析中，关键在于围绕金融机构和金融市场，分析金融机构与金融市场的关系，各金融机构之间的关系、各金融市场之间的关系，这样就能大致把握住金融组分之间的复杂关系。

三　金融系统功能

任何一个系统都是在一定的环境中产生出来的，又在一定的环境中运行、延续、演化，所以系统与环境是相互作用和依存的。在依存中，系统对环境的影响能力即系统的功能。金融系统的功能是相对于它的环境——社会经济系统而言的，是指它对于经济的功效和作用。从某种意义上说，系统的功能是系统结构演化的产物，是基于一定结构的整体涌现，这也就是说，系统功能是系统演化中，宏观结构"质"的表现，研究系统结构演化最终要落脚于系统功能和效率上，所以宏观来看，金融系统结构的研究要将其功能包含在内。

金融在经济中发挥的作用是多种多样的，这导致经济学家对金融系统的功能有多种表述。每种表述虽然不尽相同，但都从不同的层面描绘了金融在经济中发挥的作用。这里从系统功能演化角度将金融系统的主要功能归为三个层次：

（一）提供金融服务是金融系统的基础功能

提供金融服务功能的内容主要是完成支付以及相关活动，通常称为支付清算功能，是金融最早显现并逐步发展定型的功能。货币本身就是作为交易媒介产生的，从而也就形成了现金支付系统。随着货币的运用范围突破了商品交换以及银行的产生和发展，支票支付取代了现金支付成为主要的支付方式，商业银行成为全社会支付系统的核心。到了20世纪90年代，由于信息技术的迅速发展，电子支付方式越来越重要，与此同时，借助新兴的电子支付工具，非银行企业也介入到清算支付系统中来，与商业银行在此领域展开了竞争。总之，金融基础功能是漫长实践演进的结果，金融的基础功能对社会经济环境的作用是基础性、全局性的，没有这一功能的发挥，人类就会退回到以物易物的原始经济状态，没有这一功能，发达的市场经济也就不可能建立和发展起来。随着技术的发展，全球支付结算和融资网络越来越发达，金融基础功能也越来越成熟。

（二）将储蓄转化为投资是金融系统的根本与核心功能

将储蓄转化为投资，进行资源配置，这是任何一个国家金融系统所具有的最根本也是最为核心的功能。金融系统的这一功能是由早期的简单金融中介功能发展而来的，随着早期银行的出现，金融系统就通过银行这种金融机构的简单存贷业务发挥了调剂资金余缺的金融中介功能。到了资本主义社会化大生产阶段，随着金融资本越来越成为生产资本的重要来源，这种简单金融中介功能得到扩展和提升，发展为现代金融系统的根本功能——化储蓄为投资。现代金融系统通过金融机构和金融市场把资金有余单位的资金转移到资金短缺者手中。对于资金短缺者而言，无论是通过银行贷款、发行债券、股票或政府政策性金融的方式来筹集项目资金，得到资金的项目往往能够建成，而得不到资金的项目得不到实现，金融实际上起到了项目甄别的作用，具有重要的资源配置功能。随着金融和经济关系的发展，在金融成为经济核心和主导的今天，金融本身也日益成为一种重要的资源。"金融资源，特别是作为基础性核心金融资源的货币资金，其特有功能在于其特殊的价值表现和价值增值功能，并在此基础上形成对自然资源及其他资源（包括人力资源、技术资源……）的某种激发、推动、扩展、诱导、集聚、调节和配置功能。"① 经济学家普遍认为，良好的金融系统对经济的贡献，主要就表现在聚集储蓄并将之分配给高效的生产部门，从而促进经济增长。

（三）风险管理、流动性管理、信息处理、企业治理等是金融系统的派生功能

金融派生功能是从基础功能和核心功能基础上派生出来的，是更高层次的功能。随着金融系统的发展，在为经济提供支付结算和融通资金的服务过程中，它也在风险管理、信息处理、企业治理、流动性管理等方面发挥着越来越重要的作用。

金融系统在分配资金的同时也能分配风险，为企业、居民和其他经济主体提供风险管理服务，例如金融系统通过提供多样化的投资工具和专业化的投资机构，来帮助投资者实现分散投资，还可以通过提供衍生金融产品来转移和分化风险。随着市场经济的发展，风险管理功能的重要性越来越凸显。

对于资金供求双方来说，既有长期资金融通的需要，也存在短期资

---

① 摘自白钦先《白钦先经济金融文集》第二版，中国金融出版社 1999 年版，第 97—121 页。

金融通的需要，金融机构和金融市场的存在通过联结资金余缺双方，不仅仅可以将储蓄资金转化为投资资金，也可以为经济活动提供必要的流动性支持，使得企业或个人可以更好地安排生产经营或消费活动。例如，银行为企业提供短期流动资金贷款，企业可以通过金融市场金融资产出售或发行债券、股票、短期票据等来获得流动性。

在现实经济中，经济主体所掌握的信息总是不完全和不对称的，信息的不完全和不对称性加大了交易成本，容易带来逆向选择和道德风险。金融系统具有信息搜集、传递和处理的功能，如各种金融工具及其价格反映和传递了国民经济、行业或企业的各种相关信息，金融机构通过其经营活动可以搜集社会各方面的信息并加以分析和处理，可供各经济主体决策参考等。在某种程度上可以说，金融系统是基于解决市场不完全、信息不对称问题和节约交易成本的要求而产生的一种制度安排。

企业治理广义地看，是有关公司控制权和剩余索取权分配的一整套法律、文化和制度性安排，它解决所有者、管理者和生产者等不同利益主体间的受益、决策、监督、激励和风险分配问题。企业治理虽然主要是企业自己的事情，但金融系统在企业治理中起着重要的补充和辅助作用。例如在英美股票市场上，投资者用脚投票和敌意收购就成为了重要的企业控制机制；再如在德国，企业对银行等金融机构具有很强的依赖性，从而金融机构发挥了企业实际控制人的作用。

四　金融系统是结构不断演进的系统

系统的结构、状态、特性、行为、功能等随着时间的推移而发生的变化，称为系统的演化。演化性是系统的普遍特性，系统的演化从狭义来说，是系统从一种结构或形态向另一种结构或形态的转变；广义的演化包括系统从无到有的形成（发生），从不成熟到成熟的发育，从一种结构或形态到另一种结构或形态的转变，系统的老化或退化，从有到无的消亡（解体）等。系统演化有两种基本方向，一种是由低级到高级、由简单到复杂的进化，一种是由高级到低级、由复杂到简单的退化。

现实的金融系统日益发展为一个复杂的巨系统。从历史角度考察，货币产生标志着金融系统开始孕育，之后经历了从简单要素到复杂组织的结构转变，逐步演进为现代的复杂巨系统。也就是说，金融系统是一个不断演进的现实系统。正因为金融系统结构是不断演进的，所以在不同演进时期，金融系统基本组成要素——货币、金融工具、金融参与人、金融机构和金融市场的量和关联方式都有所不同，进而使得金融在经济中扮演的角色和发挥的功能有所区别。所以，金融系统的结构演进，是指随着时间的推移，系统从无到有的形成，从不成熟到成熟的发育，从简单要素状态到复杂组织的结构转变，以及在结构转变基础上实现的功能不断扩张和提升的过程。简而言之，金融系统结构的转变和功能的扩张与提升就是金融系统的演进。

金融市场和金融机构作为现代金融系统最为核心的组分，是实现金融系统的各项功能的关键，是金融系统结构演进中起决定性作用的因素。所以研究金融系统结构演进的重点也主要在于研究金融市场和金融机构是如何随时间推移而产生、发展、演进的，以及由此带来的金融系统宏观整体功能的扩展和提升。所以金融机构和金融市场的发展状况和相互关系，以及金融系统结构的宏观功能的变化也正是区分金融系统结构演进阶段的重要标志。

研究金融系统结构的演进，不仅能揭示、解读不同国家的金融系统的结构特点、形成原因，还可以揭示各国金融发展的共性规律和未来趋势，同时对于研究货币政策如何通过金融系统传导到真实经济要素这一货币金融学的核心问题也是一项基础性的工作。

第三章

金融系统结构演进的一般阶段

研究金融系统结构演进的重点主要在于研究金融市场和金融机构是如何随时间推移而产生、发展、演进的，以及由此带来的金融系统宏观整体功能的扩展和提升。所以，金融机构和金融市场的发展状况和相互关系，以及金融系统结构的宏观功能的变化也正是区分金融系统结构演进阶段的重要标志。据此，本章将金融系统发生发展的演进过程大致分为三个时期：古代的创生与初步发育时期、近代的系统化发展时期和现代的复杂巨系统时期，并对三个时期金融系统的结构演进及特点进行探讨。

第一节　初步发育的金融系统

一　金融系统的创生

在原始公社阶段，生产和生活物资属于公社共有，还没有私有制和剩余产品，自然没有交换、货币、信用与金融。到了原始社会末期和奴隶社会初期，私有产品出现并积累，进而有了商品交换活动。最初这种商品的交易以直接物物交换的形式自然地进行，后来随着交换的频繁发展，需求双重耦合性的约束问题日益显现，需求的引致和人的适应性结合，通过自组织，经济系统内自发形成了货币，标志着金融系统开始创生。

一开始，货币是以实物形态存在，历史记载各地实践过的实物货币种类很多，如中国商、周时代的贝壳，古波斯、印度等地的牛羊，埃塞俄比亚的盐，美洲的烟草等。实物货币的价值由其包含的商品价值决定，它的流通不以信用为保证，不是信用产品，也不依存于信用。随着商品交易的发展，人的适应性再一次发挥了作用，认识到货币内在的要求——统一性和价值的稳定，自然选择了金属货币作为主要货币形态，并从便利的角度，发明了代表一定信用关系的代用货币。古希腊公元前6世纪有使用铁钱的记载；在一些古文明比较发达的国家，主要货币商品是银，但到公元13世纪，在西欧黄金货币逐渐增多，到十八九世纪货币商品已由黄金占主体地位。当货币固定在金属上，以及代用货币的出现和发展，表明信用和货币联系日益增强，借助货币形式，信用实现了社会化。当然，此时的金融还只是以零星的元素形式存在，金融活动还直接依附于商品交易，金融内涵就是货币，还远远不是现代意义上的完备系统。

二　金融系统的初步发育

刚刚创生的处于"元素阶段"的金融系统是弱小和不完备的，需要经过一个漫长的初期发育阶段，才能逐步发展起来。金融系统的初期发育阶段，从时间上看可以视为从公元前1000年到18世纪初期和中期。这一时期，整个经济系统处于农业经济时期，经济的货币化程度虽然十分有限，但在漫长的经济发展过程中，信用和货币逐步融合，货币形态进一步演进，货币制度初步形成。同时货币的功能也进一步发展，在交易媒介和计价标准基础上又发挥了支付和储藏功能。货币数量的增多，功能的发展，催生了金融组织和金融工具。同时，商业和信用的发展，使得金融活动越来越频繁，并逐步跨越了商品流通领域，日益摆脱了对商品交易的直接依附，开始以货币借贷和金融交易方式开展起来，金融的余缺调剂功能得到一定的发展。

据考证，最早的金融系统之一产生于公元前700年的美索不达米亚。在此时，银已成为该地区唯一的货币，而且地主、商人以及庙宇和皇室财库开始发放贷款，满足一些家庭的消费需要或购买种子。公元前6世纪，在希腊，特别是雅典，人们创造了功能超出支付手段和简单贷款的金融系统。这个金融系统在公元前4世纪取得了实质性进展。银币被作为支付手段，流通中存在大量不同的来自希腊其他城市和波斯的各种银币，这导致货币兑换者的产生。接受存款并发放贷款的银行在公元前5世纪晚期开始运作。贷款通常被用于消费，并利用贵重物品来保值，还出现了贷款和保险合约相结合的"船舶抵押贷款"。

公元前 1 世纪至公元 1 世纪，较之雅典的金融系统，罗马帝国的金融系统在借贷活动方面更为发达。人们使用金币和银币，罗马帝国地域广阔，货币兑换者因而相当重要。货币借贷者向无节制挥霍的富人发放消费贷款，也贷款给穷人和那些暂时有困难的小农场主。银行家接受存款、发放贷款，并在帝国范围内转换货币。那时罗马帝国还存在一类特殊的金融机构——税收—农场公司（tax - farm companies），这些公司代表政府把富裕的个人分组归类以便于征集税收，并发放抵押贷款和消费贷款。

在 13 世纪的意大利北部，人们在簿记清算的基础上发展了汇票，即由货物购买者背书，承诺在其家乡、在未来某一时日支付明确数目的一种债务工具。汇票的出现成功地推动了现代意义上的银行的发展。银行最初在佛罗伦萨、托斯卡纳等地被创造出来，后来扩展到威尼斯和热那亚。在 14 世纪，佛罗伦萨、巴迪和佩鲁齐的银行成长到相当大的规模，他们在为百年战争中英国一方融资，但当爱德华三世在 1384 年不还债时，这些银行倒闭了。在 15 世纪，佛罗伦萨的麦迪茨银行发展到成熟的水平，直到 19 世纪才有别的银行超过它。1521 年，法国的弗朗西斯一世没收了佛罗伦萨人在巴黎、里昂和波尔多的财产，使得佛罗伦萨这个十四五世纪的重要金融中心在 16 世纪 20 年代丧失了其地位。

1620 年，意大利北部失去了贸易中心和银行中心的地位，荷兰的阿姆斯特丹开始在较长时期占据金融中心地位。阿姆斯特丹声誉的建立得益于发生在那里的两个重要的金融创新，即作为阿姆斯特丹证券交易所一部分的组织化市场和阿姆斯特丹银行的创建。阿姆斯特丹证券交易所是世界上第一个正式的股票交易所，自 1608 年以后一直拥有其独特的建筑物。最初它是一个商品交易市场，证券交易业务相对不重要。然而，这个市场发展了成熟的交易技术，期权和期货合约的交易相当活跃。这期间也发生了著名的"郁金香大恐慌"（1636—1637）。阿姆斯特丹银行建立于 1609 年，它不是最早的公共银行，但却成为公共银行的典范。1614 年，阿姆斯特丹市政还创建了借贷银行，被授权从事信贷业务，为瑞典银行的创建提供了先例。

瑞典银行创建于 1656 年，从一开始就分为两个部分：一是货币兑换部门，按阿姆斯特丹银行的模式运行，拥有100％的储备；另一个是借贷部门，专门负责贷款，并不具有完全储备。1668年，瑞典银行被收归国有，成为中央银行先驱。在国有化之前的1661年，瑞典银行在欧洲首先发行了银行券。作为硬币的替代物，银行券排在汇票和存款之后。

三 创生和初步发育期金融系统的结构特点

从金融系统的创生和初期发育历史可以看出，此时期的金融系统结构具有以下特点：

（一）从"元素阶段"上升到"组织阶段"

货币是最早的金融元素，它的出现标志着金融系统开始创生，之后随着货币流通和其形态的发展，金融元素开始多样化，并出现了金融组织。早期的金融组织主要是银行，后来随着远洋运输和国际贸易的发达，保险业务逐步发展起来，有了保险公司，到16世纪，又出现了有组织的金融市场。不过此阶段最重要的金融组织还是银行，金融的内涵主要集中在"货币与银行"，此时的银行也不过是"一般中介人"。

（二）金融工具出现多样化的转变

金融工具也不再仅限于金属货币，开始出现多样化的转变，包括贸易信贷、抵押、汇票、银行券和政府及公司证券等。

（三）金融服务功能和简单金融中介功能逐步形成和发展

货币最初是作为交易手段而产生的，它一形成就意味金融在经济中发挥了基础的金融服务功能。随着货币流通和金融工具、金融组织的发展，15—18世纪，西方世界已经形成了较为发达的支付清算制度，推进了金融服务功能的扩张。在金融服务功能扩张基础上，银行等金融组织逐步开展了存贷款等信贷业务，虽然这时的信贷业务还属于高利贷性质，信贷资金也主要用于非生产性用途，但已经意味着这时的金融系统开始发挥资金融通的中介功能。

（四）金融系统初步发育的结构状态与当时的经济系统发展状况紧密匹配

经济系统是金融系统的环境，金融系统的创生和发展是由当时经济发展的需求决定的。在农业经济时代，人类生存依赖劳动力和土地的结合，农业为主导产业，生产力水平低下，以分散的、自给自足的自然经济为其主要特征。商品经济处于起步阶段，这就决定了社会经济对货币金融的需求十分有限，这样的环境决定了虽在农业经济末期（15—18 世纪），金融虽开始演进为由工具、机构及市场等多要素构成的有机体系，但无论是参与金融活动的人，还是金融工具和金融组织的数量和规模都极其有限，金融业务相对单一使得各金融要素之间的联系简单。换言之，金融系统内部结构和功能相对单一，没有形成复杂的层次，金融对经济的影响还十分有限，相对于经济处于辅助位置。

第二节　近代金融的系统化发展

从 18 世纪中期到第二次世界大战前后约两百年间，是金融系统快速发展时期。随着西方资产阶级的工业革命，使人类进入工业经济时期，无论是生产方式还是生产关系都发生了根本性的变化，生产力水平大幅度提高，生产规模的扩大、社会财富的激增、人口的膨胀、科学技术的进步、市场经济的发展，使社会经济对金融提出了更高的要求，也给金融的发展提供了广阔的空间。

从货币制度上看，这一时期在货币金属上经历了由银或金银过渡到单金本位的演变，金本位制的确立为各国金融和经济的稳定发展奠定了良好基础。为适应资本主义需要，近代银行通过两条渠道产生了，一条是根据全新规则成立的股份制银行，一条是高利贷性质的银行业不得不适应新的形势转变成资本主义银行。此后，借贷资本的运动成为生息资本运动的具体形式，并在生产流通中显示其巨大作用。商业银行成为这一时期融资中介的主体，在数量和规模上都取得了长足进展。与此同时，非银行金融机构也随之产生发展，成为商业银行的重要补充和潜在的竞争者。随着公司制度和信用的发展，金融市场也得到充分的发展，资料显示 1921—1930 年全世界有价证券发行额比 1880—1900 年增加了近五倍，而且有价证券的结构也发生了变化，公司股票和企业债券取代了政府公债成为市场中最重要的交易工具。金融市场和银行中介的发展，使金融划分为直接金融和间接金融两大领域。而且这一时期，金融的快速发展带来的金融秩序维护问题，直接导致了中央银行的诞生，并且在英、美等西方国家政府稳定金融的制度创建的能动性干预下，大量的金融相关法律和制度化的规定出现了，为金融系统的发展提供了必要的法律基础，金融发展中人为因素大大加强。金融组织逐步壮大，逐步复杂起来，从"一般中介人"逐步变成"万能垄断者"，至此，在西方发达国家逐渐形成了以中央银行为核心，以商业银行为主体，以政策性金融机构和非银行金融机构为两翼的日趋完善的金融系统。除承担基础的支付结算功能以外，还承担向产业融资的职能，金融引导储蓄向投资转化的主导功能日益显现和重要。正如戈德史密斯指出的："现代金融上层建筑的创立如不就其细节而就其本质而言，在一个国家经济发展的相当早的阶段就已形成，通常在现代经济增长开始的50—70年内形成。因此，到19世纪末或第一次世界大战前夕，在多数现在发达的国家中实质上已完成。"但各国的经济、政治、人文环境有相当大的差异，这也使得各国金融系统存在着较大的差异。

一 英国金融系统的变迁

英国在17世纪末期以前，金融系统发展处于形成发育阶段。1694年英格兰银行以私人股份公司形式成立，标志着英国的金融系统发展开始进入一个新阶段，也标志着现代银行业的形成。英格兰银行最初设有发行部和银行部，通过信用业务支配伦敦市场。1844年英国通过《皮尔条例》，结束了279家银行分散发行银行券的局面，英格兰银行逐渐成为英格兰和威尔士两地唯一的发行银行。商业银行是英国银行系统的基础，包括存款银行、商人银行、外国银行和贴现银行等。在19世纪，英国银行业发展非常迅猛，银行及其分支已经连成一体，网络覆盖全国。到20世纪初期，英国已经拥有了5家主要的全国性银行。19世纪以来英国银行业的发展日趋集中，小银行被大银行兼并，最突出的是股份制存款银行吞并许多私人独资银行，伦敦大的存款银行吞并其他地方性的小银行，在1895年存款银行的数量为99家，到1914年减为38家，1920年则减少到26家，1939年只剩下13家了。同时，由于银行主要从事短期流动性贷款，一般不提供长期资金，因此，为了筹集长期资金，企业转向依靠内部融资和市场融资。规模较小的公司，则主要是依靠关系融资（包括向亲朋好友筹集），表现为私募形式的非正式市场，而大公司则主要依靠股票交易所，这为金融市场在英国金融系统中的核心地位奠定了基础。

英国的证券市场形成于 17 世纪末期的伦敦。在当时，伦敦资本市场包括的范围还不大，主要为政府筹措资金服务，用于支持英国的海外扩张和对法战争，只有为数很少的公司如英格兰银行、南海公司、东印度公司等在伦敦的资本市场上进行交易。随着资本市场融资能力的扩大，伦敦在 18 世纪末取代阿姆斯特丹成为世界的金融中心。1802 年，伦敦证券交易所宣布成立，在 19 世纪，该交易所发展迅速，逐渐成为公司融资的重要来源。1818 年英国出台了《证券交易条例》，规范了证券交易。随着 1720 年因南海泡沫破灭而出台的《泡沫法案》在 1824 年废止和无须经过专门的国会批准就可以自由地成立公司，上市公司可以自由成立，上市公司的数目快速增加。19 世纪中期，随着铁路股票的大批出现，英国国内产业资本的扩大及英国经济实力的增强，外国债券大量涌入英国市场，英国证券交易空前活跃，成为国际证券市场的中心。第一次世界大战之后，英国受到经济危机的影响，海外投资停滞，英国证券市场上的外国证券急剧下降，伦敦世界金融中心的地位被美国纽约取代，但伦敦在国际金融中的地位仍是非常重要的。

二　美国金融系统的变迁

美国的金融系统发展史与其他大多数工业化国家相比有很大的不同，这主要归因于美国与众不同的政治历史，例如，美国的宪法出台的主要精神是分权与保障人民自由，因此，自由精神和分权制衡原则成为美国宪法的核心，制宪原则主要有法律至上原则、政治制衡原则、联邦分权原则、代表而非代理原则。正是由于美国具有这种强烈的分权精神，避免权力过于集中，在经济领域的表现就是强调竞争，反对垄断。因此，金融系统的发展也难以摆脱这种思想的影响。

在独立战争期间，亚历山大·汉密尔顿提倡建立一个分支遍布全国的大型联邦许可银行，美国第一银行（1792—1811）在这种倡议下得以成立，随后是美国第二银行（1816—1836）。但是，这种银行体制与当时强烈的分权意识相违背，在当时崇尚自由经济的环境下，这一安排有垄断的嫌疑。随着第二银行在1836年的终结，从此以后，美国就存在强烈的分解银行系统的倾向，并对任何类型的强权机构都存在厌恶之情。这导致在19世纪美国的银行系统都是高度分散的，不存在全国性的银行系统；自由银行系统，即允许银行业自由进入，准入门槛很低，成为美国银行体系的一大特色。但是，在过度竞争下，分别在1837年和1857年发生了银行恐慌现象，并使得衰退和严重的经济混乱接踵而至。始于1861年的美国国内战争和为战争集资的需要大大改变了联邦政府在金融领域中的作用。1864年颁布的《国民银行法》设立了一个国民银行体系，并限制了银行的权力，但这一体系并未阻止恐慌的发生和经济混乱。在1873年、1884年、1893年和1907年又相继出现了恐慌。成立一个管理银行业的监管机构已经势在必行。1913年，联邦储备系统应运而生。

联邦储备系统组织不同于英格兰银行等传统的中央银行，它是地区性结构并且决策权是分散的。在成立后数年内，联储一直没能形成阻止银行恐慌的能力。20世纪30年代美国爆发了经济大萧条，又一次引发了大范围的银行恐慌，导致在一段持续时间内银行的连续倒闭，银行数目从25000家减少到14000家。这次经济危机使得美国政府一改过去所崇尚的自由经济思想，而接受了主张"国家干预经济"的凯恩斯宏观经济理论。在金融领域，为恢复公众对银行的信心和对银行业的有效监管，1933年出台了《格拉斯—斯蒂格尔法》，法案规定：禁止联储成员为自己的账户购买证券，但是国民银行可以购买和持有不超过其资本和盈余10%比例的投资级证券；同时，禁止吸收存款机构既从事接受存款业务，又从事股票、债券和其他证券的发行、包销或分销，无论是以批发、零售还是辛迪加集团的形式；限制商业银行通过设立附属证券公司间接从事投资银行业务，这一规定确立了美国金融业分业经营的制度（分业经营的情况在表3-1中可以清晰地看到）；并且在支持体系方面实行存款保险制度，目的是维持公众信心，避免挤兑发生，保持银行系统的流动性。在这些安排下，银行恐慌被消除，当然，也导致银行系统被弱化，为金融市场的发展提供了良机。

表 3 - 1 美国金融业 1950 年出售产品

机构	业务							
	支付服务	储蓄产品	信托服务	贷款		证券承销		担保和风险管理产品
				商业	消费者	股权	债券	
存款机构	●	●	●	●	●			
保险公司		●		*				●
财务公司				*	●			
证券公司		●	●			●	●	
养老基金		●						
共同基金		●						

注：＊表示少量涉及。

1861 年的美国南北战争有力地促进了纽约金融市场的发展，北方政府通过金融市场进行了大量的融资，加之在 20 世纪 30 年代的大萧条后北方政府对银行业的限制，纽约金融市场迅速崛起。尤其是在第一次世界大战期间，纽约金融市场充当着同盟国融资的重任，英国和法国政府经常通过纽约市场融资，这些因素促使纽约金融市场迅速超过伦敦金融市场，成为第一大国际金融中心。1929 年的大危机，对美国金融市场也发生了重大影响，政府颁布了四项重要法令：《1933 年证券法》、《1934 年证券交易法》、《1938 年马洛尼法》和《1939 年信托契约法》。大危机同时促使了美国证券委员会（SEC）的成立，保障了证券市场的稳健发展和一体化。随着期权和期货市场等金融衍生品市场的建立，进一步强化了美国金融系统以金融市场为主导的特征。

三　德国金融系统的变迁

在 19 世纪，德国在大部分时间里处于政治分裂状态，1790 年，德国有 300 个统治者。直到 1871 年，普鲁士战胜法国之后，德国才获得真正的统一。

在 19 世纪初期，德国有几个比较发达德金融中心，如法兰克福、科隆、汉堡、柏林等，该时期最为重要的金融机构都是家族式的私人银行，例如法兰克福的罗丝柴尔德家族、科隆的奥本海默家族等。直到 19 世纪中叶，德国才出现联合股份银行，即 1848 年成立的德国舍夫豪森银行，它被赋予了广泛的权力。随后在1850—1857年期间，兴起了一股建立联合股份公司银行的浪潮，但不幸的是，在1857年发生的金融危机遏制了银行业的发展。受到国家统一和单一流通货币出现的刺激，第二次兴办银行的浪潮于1866—1873年再次兴起，在此期间兴办了多家从事专业化放款的机构，但是不久由于来自英法的竞争，它们又转向了产业贷款。随着德国的统一，银行业网络建设过程也开始了，很多银行将总部搬至柏林，从而将分散的银行网络变成了以柏林为顶点，分等级结构的类似英国的遍布全国的银行网络。到1910年，德国已有德意志银行、德累斯顿银行、贴现银行等6家银行，资本超过1亿马克。

值得注意的是，德国银行和企业之间很早就建立了密切的联系。德国的银行家有很多都是从企业家转变而来，银行派出人员担任公司的董事，而产业界也在银行的董事会拥有席位。这种密切银企关系推动了开户银行制度的发展，即银行和企业间建立了长期的关系，相应的，银行便为企业提供全方位的金融服务，这为银行在德国经济金融系统中的重要地位奠定了基础。第二次世界大战后德国经济需要重建，政府采取了金融超前的政策，将稀缺的资本集中起来，支持产业的发展和结构调整，更强化了银行在经济发展中的作用。

在19世纪，德国的金融市场与英国相比是落后的，在1850年之前，德国的股份公司很少，虽然金融市场确实存在，但主要分布在法兰克福和柏林，且主要是为各种形式的政府债券服务，还没有达到为产业大范围融资的地步。在当时证券市场发展过程中，德国政府起了很人的作用。政府为赶超英国，通过经济政策有意识地推广、普及股份公司制度，强行促使产业资本的形成，其中一个重要措施就是让银行购买股份公司发行的股票。这使得德国形成了不同于其他国家的特殊证券市场，使得德国银行在证券市场上扮演了重要的角色。19世纪中后期，德国基础工业以铁路为主逐渐发展起来，发行有价证券成为募集工业资金的当然手段之一，证券市场也得到一定的发展。但总体上看，德国有组织的金融市场相对较弱，只有相对较少的上市公司，大部分企业依赖银行贷款和内部融资。

四　日本金融系统的变迁

日本从 19 世纪中叶明治维新开始，遵循"富国强兵，殖产兴业"的方针，实行对西方国家开放的政策，旧式的银行业开始向现代资本主义银行体制转化。1872 年，日本政府根据赴美考察的大藏少辅伊藤博文的建议，颁布了《国民银行条例》，决定模仿美国的银行体制，设立旨在为"殖产兴业"提供充足资金的"国立银行"。1879 年，日本横滨正金银行成立。但国立银行并非国营，也不是国家政府投资的，而且银行机构众多，1880 年达到一百五十多家。同时，银行券的发行未集中在国家手中，货币流通不能统一管理，于是 1882 年 6 月日本政府颁布《日本银行条例》，同年 10 月建立了日本银行，把各个国立银行发行银行券的业务统一集中到中央银行——日本银行，从此结束了银行券分散发行的局面，标志着日本现代银行体系开始建立。

1927 年日本发生了严重的经济金融危机，大量银行倒闭，加剧了经济混乱，破坏了银行的清偿能力。于是日本政府公布了新的《银行法》，规定银行经营的最低资本金数额，鼓励银行合并，以提高银行的信用度。这实际上是用强制的办法淘汰了一部分银行机构，使银行业迅速集中。1942 年，日本为了建立服务于战争的银行新体制，改组了中央银行，而且颁布了《金融统制团体令》，修改了 1927 年的《银行法》，以适应侵略战争的需要。这一系列对银行法的修改，表明政府对银行业的管制加强，同时也加速了银行业的集中。在 1944 年，日本政府为保证军需企业的发展，建立了军需企业指定金融机构系统，这实际上是一种信贷分配系统，从而确立了日本银行和企业之间的密切关系。

20 世纪 30 年代，日本的金融市场曾在为产业提供资金方面发挥过重要的作用。有资料显示，1931—1940 年产业融资构成中股票占31.7%，债券占 4.3%。但是在战时金融管制中，政府完全控制了公司债券的发行，并对股份分红和股东权益作出各种规定，严重限制了资本市场的发展。

第二次世界大战结束后，日本作为战败国，参照美国实行了分业经营制度，逐步形成了以间接融资为主、直接融资为辅的融资模式和金融体系。

五　金融系统在近代发展期的结构特点

近代发达国家金融系统都经历了快速发展，总体上显示出以下特点：

（一）金融已逐步演化为具有多层次结构的系统

金融从一个一个孤立的组织，不断成长壮大，内部经过量的积累和层次涌现，逐步形成多个层次，从单层结构变成多层结构的系统。以上四个国家金融系统在近代的发展，都表明金融系统的内容逐渐丰富，不仅仅货币和信用的范畴在拓展，而且金融系统组织层次增多，最明显的是银行系统的网络层次的发展。此外，银行系统和金融市场系统之间的联系也在不断的加强，推进了直接融资和间接融资的发展，使得金融的系统主导功能——将储蓄转化为投资的功能日益显现，金融的内涵也已经突破了"货币和银行"的界限。

（二）金融系统规模不断扩大

金融在外部地理上联结成一个庞大的整体，逐步从小系统变成大系统，并开始从大系统向巨系统演变。随着资本主义经济的发展，产业资本逐步壮大，要求有能提供多样的金融服务和满足大规模融资需要的金融系统，信用开始深入生产的各个方面，把原本分散的各个经济主体有效地联系在一起，使得金融活动和经济活动交融在一起，这不仅仅使得金融各要素紧密相连，而且作为一个整体在国民经济中的作用越来越不容忽视。说明金融系统已经成为一个具有复杂性的大系统。

（三）资源配置成为这一时期金融系统的主导和核心功能

金融系统的功能进一步扩展和提升，化储蓄为投资，进行资源配置成为这一时期金融系统的主导和核心功能。随着银行成为"万能的垄断者"，金融系统的服务功能和资金融通功能显著提高，而且这一阶段资金融通主要表现为将大量的社会闲散资金导向生产领域，促进储蓄向投资转化成为金融系统的核心功能。金融主导功能是金融基础功能发展、强化的自然结果，是经济不断货币化进而金融化的自然结果。金融整体功能的提升表明此时期的金融系统已开始向成熟迈进。

（四）经济社会环境直接决定和影响着各国金融系统的发展状况和发展路径

经济社会环境作为金融系统演进的基础条件和背景，直接决定和影响着各国金融系统的发展状况和发展路径。总体上看，发达国家此时期处于工业经济时期，这一经济大背景决定了这一时期各主要资本主义国家形成了大致相同的较完备的金融上层结构，现代金融系统在各国已建立起来并不断完善，金融主导作用逐渐增强，对经济发展影响重大，金融由一种处于被动的、受制于经济的状态，逐渐成为经济的核心，主导经济发展。同时各国经济社会系统在经济制度、发展程度、人文历史、政治制度等方面存在的差异使得各发达金融系统形成了不同的路径依赖，在向复杂大系统迈进的演进道路上呈现出差别性的具体发展状态，例如，在英美形成了以金融市场为主导的金融系统发展轨迹，而德日则形成了以金融中介（银行）为主导的金融系统轨迹。

第三节　现代的复杂金融系统

第二次世界大战以后，科学技术进步，实体经济贸易发展，金融自由化发展，特别是货币彻底与黄金等实体经济参照物脱钩，金融全球化发展，出现了经济金融化、金融自由化和全球化的深刻变迁，这些都使得金融业迅猛发展，变革剧烈，在货币制度、金融组织、金融技术、制度监管和经济环境等诸多方面都发生了翻天覆地的变革，金融在经济中的作用和影响越来越广泛深入，逐渐成为现代经济的核心性、主导性、战略性要素，社会进入金融经济时代，金融系统成为成熟的复杂巨系统。总体来看，在金融复杂巨系统的发展时期，无论是货币制度还是金融业的发展，基本都以 70 年代为界呈现不同的发展状态，为此可以将金融复杂巨系统的发展时期再细分为两个阶段来分析。

一　20 世纪七八十年代之前的复杂金融系统

在金本位制瓦解后，由于金融系统内部以及系统和环境关系方面出现了新问题，如商品货币退出历史舞台、货币流通的混乱、国际货币战等，使得货币制度日益成为国际性问题。1944 年 7 月，在英美的组织下，在美国的布雷顿森林城召开了有 44 个国家参加的"联合和联盟国家国际货币金融会议"，通过了《国际货币基金协定》，规定了黄金—美元本位制的基本内容和运行规则。金融系统通过建立布雷顿森林体系实现了自稳和自重组，这一货币体系在第二次世界大战结束后有效运行了近三十年，它克服了第二次世界大战前金融领域中的混乱状态，稳定的货币环境促进了金融和经济的发展。

在布雷顿森林体系运行过程中，工业化国家的金融业经历了停滞、发展及限制的运行轨迹，出现了金融机构发展不平衡，金融竞争激烈化、垄断化，限制金融创新，以及工业资本与金融资本相融。此阶段各国的金融规模不断扩大和集中，对经济的主导作用进一步明显，激烈的竞争使得金融系统内部各要素间关系进一步复杂化，金融管制限制了金融创新，各国金融系统仍沿着既有的路径各自发展，但金融系统内在竞争要求和经济环境变化都要求金融各要素进一步协同发展，系统内更新动力不断积累，为下一阶段的系统结构变革奠定了规模和动力基础。

（一）美国金融业的发展

在大危机时的金融立法一直影响着美国金融业的发展，自那时起美国银行业的准入速度减慢，竞争加剧。为此，从50年代开始，美国商业银行和投资银行都想方设法利用《格拉斯—斯蒂格尔法》的漏洞，向对方领域渗透，出现了银行间的兼并和控股公司。20世纪50—70年代，出现了银行业合并的高潮，大约有4000多家银行合并。为了在竞争中求得生存和发展，面对市场利率波动和Q条例的限制，美国的金融机构进行了技术创新，60年代末发明了回购协议（RPS），70年代出现了大额可转让定期存单（CD）、可转让支付命令账户（Now a/c）、电话转账系统（TIS）、自动转账系统（ATS）等。20世纪80年代，许多工商企业向银行服务领域扩展，侵占银行金融业务领域和利润，出现企业金融集团，银行持股公司兼并证券公司，开拓证券贴现和经营业务。

（二）英国金融业的发展

第二次世界大战后，英国实行了严格的分业制度，建立了零售银行、批发银行、贴现银行和非银行金融中介，各类金融机构之间有着明确的分工。1956年银行金融中介吸收存款是非银行金融中介的1.33倍，1968年后者超出了前者的59.9%。在非银行金融中介中，保险公司和养老基金增长较快，而在银行业的发展中，以批发银行业务发展较快，出现了金融机构集中化。到60年代末英国出现了四大清算银行统治的局面。1971年颁布了《竞争与信用控制政策》，鼓励银行业在更广泛的领域竞争。随着政府放松对银行业务竞争的限制和对金融业管理的限制，英国各类金融机构间的竞争日趋激烈，金融工具不断创新，专业银行通过下设分公司，经营商业银行业务，各银行间的分工越来越模糊。

（三）日本金融业的发展

20世纪50年代中期至70年代初期是日本经济的高速增长期，这一时期金融领域最大的特点是以银行为主的间接融资体系占据主导地位，间接融资所占比重高达70%—90%，其中大约80%是金融机构贷款。这种金融发展格局，与日本的主办银行制度和政策性金融体系密切相关。日本的主办银行制度出现于20世纪50年代，经过六七十年代的发展不断完善，是由主办银行作为企业资金的长期、稳定、主要的供给者。同时，战后日本成立了一批政策性金融机构，形成了政策性金融机构与商业性金融机构并存的局面，政府金融在经济的恢复和发展中发挥了较大的作用，强化了央行主权，并于1971年建立了存款保险制度以维持金融稳定。1973年，日本外汇制度改革，由盯住美元的固定汇率制转为施行浮动汇率制，促使了经济金融的自由化和国际化。

（四）德国金融业的发展

在德国银行体系中，除占据中心环节的中央银行—德意志联邦银行外，还有商业银行以及其他专业银行。商业银行的活动非常活跃，资本雄厚，在金融系统中处于强有力的地位，专业银行有储蓄银行、信用合作银行等。20世纪70年代以后，德国证券市场的机构投资者持股增加，银行证券业务集中，逐渐形成了有组织的银行垄断证券市场的新格局。

二　20世纪70年代末、80年代初至今

在这一阶段，货币完全脱离黄金，不兑现的信用货币流行。1971年开始，美国连续爆发了美元危机，为此停止美元与黄金的兑换，导致大多数国家放弃了对美元的固定比价，允许本国货币与美元的汇价自由涨落，黄金—美元本位制陷入瘫痪。国际社会于1976年1月在牙买加首都金斯顿再一次召开了关于国际货币改革的会议，达成《牙买加协议》，其主要内容是：允许各国根据国情选择安排其汇率制度，允许固

定汇率和浮动汇率并存；黄金与国际货币脱钩，它不再是各国货币定值的标准，也不再成为各国货币汇价的基础。至此，20世纪70年代中期以来，各国实行的都是不兑现的信用货币制度，并在实践中不断地完善，形成了现代信用货币制度。这种货币制度有以下三个特点：（1）现实经济中的货币都是信用货币，主要由现金（纸币）和银行存款构成。现金是中央银行对持有者的负债，银行存款是商业银行对存款者的负债。（2）货币都是由金融机构的业务活动投入流通的。无论是现金还是存款货币，都是通过金融机构的存款的存取、贷款的发放、黄金外汇的买卖和有价证券的买卖进入流通的。（3）国家对信用货币的管理调控是信用货币的本质所决定的。信用货币是银行的债务凭证，是通过金融机构业务活动进入流通的，由于不再和黄金挂钩，货币数量不再受限于一国黄金储备，理论上通过银行信用业务可以无限扩大它的规模，这容易导致通货膨胀的发生。因此，信用货币的扩张和收缩必须由中央银行通过货币政策的实施进行调控，以求信用货币数量与经济运行相适宜。

与货币制度领域的大变化相适宜，金融业在前期力量的积蓄下，发生了一场引导金融结构大变化的变革。促使金融业变革的主要动因在于持续不断的金融创新，金融创新正是金融系统实现结构演进的主要方式，也是推动各国金融系统发展为复杂的适应性巨系统的主要动力。

（一）美国金融业的发展

1980年美国国会通过的《存款机构放松管制及货币控制法》（简称《新银行法》），是美国金融自由化改革的开始，标志着传统银行业与证券业的界限开始模糊。1987年《银行业平等竞争法》，1994年《州际银行与分支行有效法案》，特别是1999年11月《金融服务现代化法案》的颁布，彻底清除了1933年颁布的《格拉斯—斯蒂格尔法》对金融业的限制，允许银行、保险和证券公司相互渗透，并参与彼此市场的竞争，推动着金融组织的发展。表3-2显示，美国各金融机构在支付服务、储蓄信托、贷款和风险管理业务上的融合与竞争尤为突出。根据《全球金融》杂志的统计，2003年花旗银行成为全球最大的金融集团，其总资产高达1.097万亿美元的规模。自20世纪中后期，美国证券市场迅速发展，出现了场外交易，并大大增加了交易工具的品种。1970

年建立了跨市场交易系统，70年代中后期出现了金融期货与期权市场，以求对基础性金融工具保值。20世纪80年代以来，美国的金融市场更趋于国际化、自由化，金融工具交易多样化，交易手段电子化，交易费用协商化，交易规模巨大化。

表3-2　　　　　　　　　　　　美国金融业1995年出售产品

机构	业务							
	支付服务	储蓄产品	信托服务	贷款		证券承销		担保和风险管理产品
				商业	消费者	股权	债券	
存款机构	●	●	●	●	●	#	#	●
保险公司	●	●	●	●	●	#	#	●
财务公司	●	●	●	●	●	#	#	●
证券公司	●	●	●	●	●	●	●	●
养老基金				●				●
共同基金	●	●	●					

注：# 表示通过附属于大公司有选择地涉及。

（二）英国金融业的发展

1986年英国伦敦证券交易所的"大爆炸"改革，允许银行业等金融机构进入证券公司，打破了金融业分业经营体制，英国的清算银行收购兼并证券公司，形成了没有业务界限、无所不包的多元化金融集团。同时，为了与证券交易所"大爆炸"改革配套以及进一步推动金融发展，1987年英国颁布《银行法》，改两级银行认可制为单一认可制度，对所有的认可机构一视同仁，标志着对金融管制的进一步放松。20世纪70年代，英国证券交易所实行的是"自律管理"，有一套较为严格的规章制度，这和国内市场自由化和国际化的发展趋势极不协调，限制了英国证券市场的发展。自20世纪80年代以来，进行了一系列的改革，如伦敦交易所推出了"非正式上市市场"的新型证券市场，为原本不具备在伦敦交易所上市资格的中小企业开辟了在证券市场融资的场所；1986年又设立了"第三市场"，1986年的大改革取消了交易所固定佣金制，取消证券经纪商和商之间的传统限制，允许银行等金融机构进入证券市场，实行证券交易系统的电子化。到1995年，伦敦证券交易所的交易品种已由1986年的1973种增至9500多种。1997年10月，英国对金融监管体制进行了重大改革，将包括英格兰银行、证券和期货监管局、投资管理监管组织、私人投资监管局等 9 家机构的金融监管职责转移交给新成立的金融服务局，为良好的监管奠定了基础。开放的环境和良好的监管吸引了世界各地的投资者，伦敦金融中心的地位得到加强。

（三）日本金融业的发展

从 70 年代中期起，随着日本经济的持续稳定发展以及资金供求状况的改变，日本金融制度经历着一场深刻的变革，这种变革到 80 年代中后期在国内外压力下呈现加速发展趋势。20 世纪 90 年代，日本金融制度改革的基本特征是在积极推进金融国际化的同时不断放宽对金融活动的种种限制和管制。主要表现在以下几个方面：利率自由化，业务综合化，外汇管制放松，金融市场的完善与自由化，日元国际化，金融创新。这一系列的改革，促使银行和证券业融合，金融机构竞争加剧，以及金融机构的兼并和集团化。第二次世界大战后，日本的证券交易所暂停营业，债券交易主要是在非正式的市场以及证券公司进行，直到 1949 年 5 月证券交易所重新开始营业。随着日本经济在 50 年代走向繁荣，大量私人资本流入股市，交易所规模越来越大，交易品种有国债、公债和公司债券，股票买卖是现货买卖。1985 年，日本建立了债券期货市场，1987 年建立商业票据市场，1989 年建立了金融期货市场。

（四）德国金融业的发展

德国银行一直在金融系统中占据重要的地位，这造成了证券市场的相对落后。但 80 年代以来，德国证券市场还是得到一定的发展。进入 80 年代，德国证券市场做了一些改革，两类成员被允许有证券交易所会员资格：一类是银行、储蓄银行和信贷机构；另一类是市场制造者，它们充作证券交易的中间人。1988 年 7 月，德国证券期货市场建立。从 90 年代中期开始，德国各大银行积极开拓国际业务，大举向国际证券市场发展。

三　现代复杂巨系统时期金融系统的结构特点

第二次世界大战以来，各主要发达国家的金融发展都步入复杂巨系统阶段，虽然存在着具体金融要素形式和联系的差异，但主体结构的发展趋势是相同的：融资市场化，机构同质化，工具的多元化，机构和市场在竞争中融合化；而且在全球经济一体化趋势中，各国金融系统之间联系密切，比过去任何时候都更加相互依存和相互影响，这些都打破了各国金融系统在结构上既有的发展路径，金融市场在金融系统中的地位和作用都越来越重要，可以预见在未来它将成为一国金融系统的核心，也是各国金融系统连接为一体的最关键环节。具体来说，这一时期金融系统结构发生的巨大变革可主要归结为以下几个方面：

（一）金融创新是金融结构变革的主要动因

这里所讲的金融创新特指自 20 世纪 60 年代以来，尤其是在近 40 年来，各金融主体在趋利动机下，顺应经济金融形势的要求，主动运用新技术开展的以规避管制和金融风险为目的创新高潮。这一创新高潮扩展了金融工具品种和数量；造就了一批新型的金融机构，如各类投资基金等资本市场中介结构，提升了金融技术和金融功能，使得金融机构的业务日趋相同化和多元化，打破了直接融资和间接融资的界限，从而从根本上变革了现代金融系统的结构，加强了各金融要素间的联系，推进了金融复杂性。

（二）金融机构结构出现业务混合化和机构同质化发展趋势

目前，金融各业间的业务界限日益模糊，混业经营成为金融产业发展的主流。商业银行除了经营传统的存贷业务外，还大力拓展包括证券、保险以及资产管理等在内的新业务；各类非银行金融机构在巩固传统业务份额的同时，也积极进入银行控制的信贷市场和结算业务。各类金融业务多元化、交叉化发展，逐渐打破了金融产业职能分工的界限，改变了金融行业的机构结构及其规模结构，通过购并出现了大批的经营一切银行和非银行业务的跨国大型复合金融机构，各类金融机构日益同质化。

表 3 - 3　　　　国际银行业主要并购一览表（1998—2000 年）

并购银行	并购后总资产（亿美元）	并购时间
日本东京银行、三菱银行	6700	1995 年 3 月
美国第一联合银行、第一诚信银行	1300	1995 年 6 月
美国化学银行、大通银行	2970	1995 年 8 月
苏兰梅里塔银行、瑞典北方银行	1000	1997 年 10 月
瑞士联合银行、瑞士银行公司	7180	1997 年 12 月

并购银行	并购后总资产（亿美元）	并购时间
美国花旗银行集团、旅行者集团公司	6990	1998 年 4 月
美国第一银行、第一芝加哥银行	2300	1998 年 4 月
美国国民银行、美洲银行	6460	1998 年 4 月
德意志银行、美国信孚银行	8200	1998 年 11 月
法国兴业银行、巴黎银行	6454	1999 年 2 月
英国汇丰银行、美国共和银行	5600	1999 年 5 月
日本兴业银行、第一劝业银行、富士银行	13180	1999 年 8 月
日本住友银行、樱花银行	9250	1999 年 10 月
日本东海银行、朝日银行、三和银行	10300	2000 年 3 月
德意志银行、德累斯顿银行	12280	2000 年 3 月
大通曼哈顿银行、JP 摩根银行	6600	2000 年 7 月

（三）金融市场结构多层次和复杂化

金融市场在近三十年来得到极为迅猛的发展，不仅表现在市场范围和交易总量的扩张上，更表现在结构上呈现出的多层次与复杂化的深刻变化。金融市场的子市场种类越来越多，尤其是金融衍生产品市场、风险投资与创业板市场以及资产支持证券市场的崛起进一步增加了金融市场的层次，也使金融市场的结构日益复杂化。从复杂性上看，在原生工具市场基础上产生的金融衍生工具市场于 20 世纪 90 年代经历了爆发性增长，改变了资本市场的传统结构，使得各金融组分、金融变量间的关系复杂化，而且剥离了金融市场与实质经济的血肉联系，使得金融市场的发展日益虚拟化、脆弱化，更易滋生金融泡沫，引发过度投机，刺激金融寻租，尤其在"高杠杆化"运作机制下，国际游资所形成的冲击力极大，破坏性极强，从而削弱了金融市场结构的稳定性。

（四）金融工具多元化与金融资产证券化

金融创新浪潮最直接的结果是使得发达国家金融工具品种和数量急剧扩张。例如，有可以满足投资、投机、保值、提高社会地位等多种需求的，有可适合大小投资者、长短期资金余缺者、国内外投资者等多种对象的，有介于定活期存款间、股票债券间、存款与保险间、贷款与证券间等各种组合式的，有定期转活期、债券转股票或股票转债券、贷款转证券、存款转证券等可转换式的，有与价格指数、市场利率或某一收益率挂钩等弹性收益式的，等等。总之，品种多样化、特点灵活化，标准国际通用化的各种新型的金融工具经过金融创新源源不断地涌现出来，使得金融工具日益多元化。在金融工具创新过程中，金融资产证券化趋势也越来越明显，金融资产是对于金融工具持有者而言的，它的证券化是指各种金融资产陆续以有价证券的形式而存在的变化过程，这是近年来金融活动中的债务证券化、债权证券化和融资证券化的自然结果，证券化使得金融市场尤其是资本市场大规模发展，直接融资比重不断上升，并增加了金融机构和企业的流动性。

表 3 - 4 各种金融衍生工具产生的时间

年份	金融衍生工具
1972	货币期货
1973	股票期权
1975	抵押债券期货、国库券期货
1977	长期政府债券期货
1979	场外货币期权
1980	货币互换
1981	股指期货、中长期政府债券期货、银行存款单期货、欧洲美元期货、利率互换、长期政府债券期货期权
1983	利率上限和下限期权、中期政府债券期货期权、货币期货期权、股票指数期货期权
1985	欧洲美元期权、互换期权、美元及市政债券指数期货
1987	平均期权、商品互换、长期债券期货和期权、复合期权
1989	三月期欧洲马克期货、上限期权、欧洲货币单位利率期货、利率互换期权
1990	股票指数互换
1991	证券组合互换
1992	特种互换

资料来源：转引自付强《虚拟经济论》，中国财政经济出版社 2002 年版，第 31 页。

（五）竞争和融合成为金融机构和金融市场发展的整体趋势

融资结构市场化和复合化，打破了各国金融发展的路径依赖，竞争和融合成为其金融机构和金融市场发展的整体趋势。表 3 - 5—表 3 - 8 显示，无论是以市场为主导的英美金融系统，还是以银行为主导的德日金融系统，融资结构中通过金融市场进行融资的比重大幅提高，融资市场化趋势明显。同时，金融机构通过金融市场所进行的资产证券化，开创了新的融资方式，不仅可以满足不同筹资者的各种需要，令全社会的间接融资更为便利，而且模糊了直接融资和间接融资的界限，加强了金融机构和金融市场的渗透，使融资结构出现了复合化倾向。

表 3 – 5　　　　英国金融系统有关指标占 GDP 的比重

年份	国内总储蓄/GDP	银行系统提供的总信贷/GDP	上市公司市值/GDP	债券市场市值/GDP
1988	17.13	102.73	92.54	—
1992	14.92	115.5	86.51	—
1996	16.32	126.08	146.27	—
2000	15.46	133.78	179.17	48
2004	13.62	159.08	132.55	48.6

资料来源：王军生：《金融市场结构》经济科学出版社 2007 年版，第 58—59 页。

表 3 – 6　　　　美国金融系统有关指标占 GDP 的比重

年份	国内总储蓄/GDP	银行系统提供的总信贷/GDP	上市公司市值/GDP	债券市场市值/GDP
1988	16.53	125.25	55.1	—
1992	15.89	130.63	71.42	—
1996	17.32	150.57	109.3	—
2000	16.6	188.75	154.68	145.7
2004	—	215.48	139.38	162.6

资料来源：王军生：《金融市场结构》经济科学出版社 2007 年版，第 62 页。

表 3 – 7　　　　德国金融系统有关指标占 GDP 的比重

年份	国内总储蓄/GDP	银行系统提供的总信贷/GDP	上市公司市值/GDP	债券市场市值/GDP
1988	21.24	93.06	18.62	—
1992	22.93	108.08	16.88	—
1996	22.01	131.82	27.52	—
2000	22.13	145.43	66.85	89.3
2004	22.21	138.02	43.59	82

资料来源：王军生：《金融市场结构》经济科学出版社 2007 年版，第 67 页。

表 3 - 8　　　　　　　　　日本金融系统有关指标占 GDP 的比重

年份	国内总储蓄/GDP	银行系统提供的总信贷/GDP	上市公司市值/GDP	债券市场市值/GDP
1988	33.64	233.75	132.12	—
1992	33.65	234.34	63.26	—
1996	30.5	255.24	65.88	—
2000	28.79	148	66.52	123.4
2004	—	154.93	79.57	191.6

　　资料来源：王军生：《金融市场结构》经济科学出版社 2007 年版，第 70 页。

（六）金融全球化和一体化推动了各国金融系统进一步开放

金融全球化主要表现为金融机构设置的全球化、金融业务活动的全球化、资本流动的全球化、金融市场的全球化等方面。这种全球化的趋势打破了金融活动的国界局限，扩大了金融总量，重塑了金融运作机制和世界金融的新格局，使得发达国家与发达国家之间、发达国家和发展中国家之间、发展中国家之间呈现多向开放格局，同时也使得金融业务全球趋同，金融机构国际化和金融市场国际一体化。各国金融系统日益交叉，促使更多国家开放资本项目和选择更加浮动的汇率安排（如表3 - 9所示），利率与汇率之间联系密切，极大增进了金融复杂程度。

表 3 - 9　　　　　　　　　　　汇率制度演进

汇率制度类型	1999 年 1 月 1 日	2000 年 1 月 1 日	2001 年 12 月 31 日
无独立法定货币	37	37	40
货币局	8	8	8
其他传统盯住汇率安排	39	45	40
水平带盯住汇率	12	6	5
爬行盯住	6	5	4
爬行带内盯住汇率	10	7	6
管理浮动	26	26	42
独立浮动	47	51	41

　　资料来源：陆前进、卢庆杰：《中国货币政策传导机制研究》，立信会计出版社 2006 年版，第 325 页。

（七）金融系统结构的大变迁极大地拓宽和提升了金融系统的各项功能

首先，金融的基础功能获得了巨大的跃升，现代通信和电脑网络技术推动了网上银行业的发展，使得支付清算手段向着电子化方向推进，提高了资金流动效率。其次，在主导功能上，金融成为资源配置的主要方式和手段，金融系统的资源配置效率决定了一国经济增长的效率，金融成为经济中的主导性、核心性资源。此外，随着各种金融工具的创新和金融复杂性的提高，金融衍生功能，尤其是风险管理日益成为金融系统的重要功能。

第四章

金融系统结构演进中的
货币传导机制理论

金融系统结构的变化，不可避免地带来了通过金融系统传导宏观调控意图的货币政策传导机制的变化，这一变化在理论上就表现为作为各国货币政策指导的货币传导机制理论的研究由忽视金融结构的研究范式向重视金融系统结构的研究范式转变。本章根据金融系统的结构演进来考察货币传导机制理论研究范式的转变，并对各种渠道的货币传导机制理论进行综合评述，分析每一渠道赖以发挥作用的金融系统结构基础。

第一节　金融系统结构演进中货币传导
机制理论研究范式的转变

随着金融系统的结构不断由简单走向复杂，人们对金融系统和货币传导的认识也不断深化，它带来的货币传导机制的理论研究经历了由忽视金融结构的研究范式到重视金融结构的研究范式的转变，图 4-1 显示了这一变迁过程。

一　古典经济学的"货币—物价"传导机制

随着货币的出现，学者们就开始研究与之相关的金融理论。可以说，古希腊思想家亚里士多德在其《政治学》中关于货币的论述是西方货币理论形成的源头，之后在金融工具和金融组织的演进中，学者们对货币起源、性质和职能，以及银行功能等问题进行了一定的探讨。但早期的金融系统结构和功能简单，限制了人们对货币经济关系的认识，在 17 世纪中后期形成并流行于大危机之前的古典经济学对货币经济持有"货币中性观"。"货币中性观"又称"货币面纱观"，即货币只是交

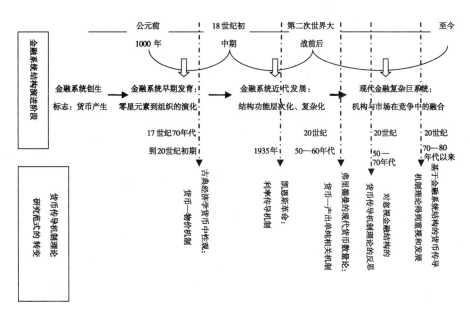

图 4 - 1 金融系统结构演进中货币传导机制理论研究范式的转变

易媒介，只在流通领域发挥作用，是覆盖于实物经济之上的一层"面纱"，它的变动只影响一般物价水平，而不会对实体经济产生影响，货币对实体经济的作用是"中性"的。这一理论把经济整体机械地分为实物面和货币面两个对立的侧面，形成了将经济理论和货币理论截然分开的"两分法"，确立了货币理论只是研究货币数量与绝对价格的关系及绝对价格水平的决定问题的片面观点。显然在古典经济学家看来，货币对经济的作用机制就是"货币—物价"机制。

二 忽视金融结构的传统货币传导机制理论

金融系统结构在近代的复杂层次化发展，带来了其整体功能的扩展和提升，金融成为经济的主导，中央银行在这一时期也孕育而生，扮演着发行的银行、最后贷款人以及政府的银行的角色，在大危机的背景下成为政府调控经济的机构之一，开始了真正意义上的货币政策实践。这推动了金融与经济的关系认识的提高，促使货币理论由古典经济学的"货币中性"，向凯恩斯经济学的"货币非中性"演变。凯恩斯在1936年出版的《就业、利息和货币通论》一书中，深入研究了货币对实质经济的影响，指出货币经济之特征是对未来预期的不确定性，而货币是现在和未来之联系，这一属性使得它在运行中通过利率而对各种经济当事人的预期和决策起作用，进而对整个经济产生实质性的重大影响，提出了货币经由利率传导的货币传导机制理论，主张政府通过货币扩张来降低利率，进而刺激投资需求、提高产出水平。凯恩斯打破了货币中性论，将货币金融与经济理论融合在一起，填平了货币与实物之间相隔离的壕沟，使得货币分析由货币价格分析转变为货币收入分析，使得经济理论体系由"两分法"转变为货币经济理论体系，从而奠定了现代货币金融理论的基础。

20 世纪五六十年代，西方各国发生了滞胀并存的危机，促使古典主义复苏。在货币理论上，弗里德曼提出了现代货币数量论，认为货币在短期是非中性的而在长期则是中性的，提出了"货币—产出"单纯相关的传导机制。认为利率在货币政策的传导机制中并不起重要作用，货币供给量的变动是通过多种复杂的途径而影响支出的，虽然弗里德曼未找出这些途径，但通过实证检验，证明了货币与收入存在高度相关性，从而找出货币供给量与经济波动之间的变动规律。所以弗里德曼在货币政策传导机制中强调货币供给量对社会总支出的直接作用，传导过程非常简单：M－Y，也正因此经济学者通常把弗里德曼的单纯相关的货币传导论称为"黑箱"理论。这一理论在后来的 30 年取代了凯恩斯理论成为各国货币政策实践的指导理论。

通常将凯恩斯的利率传导机制理论和弗里德曼的单纯相关传导机制理论称为传统货币传导机制理论。这两种理论都是建立在完善的金融市场假设基础上的，这样货币政策操作只需通过在货币市场调控短期利率或基础货币，就能实现对实际经济的影响，所以货币政策传导过程只强调了货币市场这一种金融市场子系统而完全忽视金融系统的具体结构（包括信贷市场、金融机构和资本市场）的影响，只强调了政策对借款人的行为影响而忽视了政策传导在具体金融过程上存在的差异，对货币政策的效果评价也只从货币—产出或货币—利率—产出的总量关系上来研究。而凯恩斯的利率传导机制和弗里德曼的单纯相关机制的区别也仅仅表现在货币对产出的传导是强调利率这一货币性资产的价格，还是不强调利率的作用，所以通常又称其传导机制为"货币渠道"（也可说是"货币市场渠道"或"货币观点"），这也正是传统经济学家在货币传导机制实证分析中通常采取的分析范式。

三 重视金融系统结构的现代货币传导机制理论发展

随着金融逐步发展成为全球开放化的复杂巨系统，金融在经济中的作用和影响越来越广泛深入，成为现代经济的核心性、主导性、战略性要素，社会进入金融经济时代。相应的，货币政策也成为各国宏观调控的主要政策之一，货币传导机制理论也自然成为货币金融理论的核心论题。货币传导机制问题的研究范式也发生了重大的变化，由忽视金融系统具体结构和运作过程的货币、利率—产出分析法推进到货币—基于金融系统结构的金融过程—产出的分析法。

（一）基于金融系统结构的货币传导机制理论的初探

自 20 世纪五六十年代开始，一些经济学者就开始对传统货币传导机制分析范式提出了质疑。罗萨是早期著名的将货币问题的研究扩到金融因素的提倡者，他认为传统的货币传导机制隐含假设了银行只是被动地调整存贷款利率以适应货币政策的变化，但调查数据证明"信贷可得性"也是影响货币传导的另外一个因素。帕廷金、格利和肖等著名经济学家开始强调金融中介和信贷市场在经济中的作用，认为传统的货币传导机制注意到了货币总量与产出之间的联系，但把经济中的金融结构和金融流量抽象掉了，指出被忽视的金融中介和信贷市场恰恰在货币政策传导中起着重要作用，若将注意力局限在货币供给上，就不可能准确地刻画出传导机制的特点。由托宾等发端的资产组合均衡理论也提出了非货币金融因素和资本结构在货币传导过程中的作用。但这种强调金融结构的货币传导机制理论研究路线沉寂了近二十年，主要原因一是受到 20 世纪六七十年代微观金融理论的金融结构对实际经济决策无关紧要观点的影响；二是 60 年代以来随着现代货币数量论在各国货币政策实践中影响的扩大，强化了忽视具体金融结构的传统货币—产出研究范式。

（二）基于金融系统结构的货币传导机制理论的深化

20 世纪七八十年代以后，金融创新带来了金融复杂性大发展，金融结构在货币政策传导中的作用不再能视而不见，同时信息经济学的发展也从理论上论证并解释了金融市场的不完善和银行信贷配给行为的存在，基于复杂金融系统结构基础上的货币传导机制研究范式逐步得到主流经济学的重视。强调具体金融系统结构，如银行类金融机构、资本市场以及金融开放等在货币传导机制中的作用，基于金融结构的货币传导过程成为现代货币传导机制理论的重要内容。可以说，这一时期对货币传导机制的理论探讨，经历了从货币渠道（利率渠道）到信用渠道、由封闭经济系统的利率渠道到开放经济系统的利率渠道（汇率渠道）、由货币市场渠道（货币资产价格渠道）到资本市场渠道（非货币、非信贷资产价格渠道）的变迁。

从货币渠道（利率渠道）到信用渠道的变迁。20 世纪 80 年代，新凯恩斯主义的信贷配给理论，指出信息的不对称和不完全引发的道德风险和逆向选择使金融中介机构应运而生，信贷作为商业银行的产品难以被其他资金来源所取代，因此在信贷市场上，配给机制和利率机制同时发生作用。到了 90 年代，信贷在货币政策传递中的作用得到了更多的重视，形成了银行信贷渠道和资产负债表渠道两种信用传导机制理论。前者强调银行这种金融中介作为贷款人在货币政策传导中的重要作用；后者则从货币政策对企业或家庭外源资金供应者（贷款人）的影响角度分析传导机制。二者都强调金融市场的非完美使得贷款人的行为在政策传导中扮演了重要的角色，将货币政策传导机制理论由单一的货币渠道推进为货币与信用两种渠道。

从封闭经济系统的利率渠道到开放经济系统的利率渠道（汇率渠道）的变迁。20 世纪 70 年代后期，随着浮动汇率和经济的国际化，各国间经济金融的开放度和依存度不断加强，一国货币政策的效应波及国外，而汇率的变动也会通过进出口和资本流动影响到一国的货币流通、产出和物价。由此以米什金为代表的经济学家提出了货币传导的利率—汇率机制，将凯恩斯的利率传导机制由封闭经济系统的利率渠道拓广到开放经济系统的利率渠道。

从货币市场渠道（货币资产价格渠道）到资本市场渠道（非货币、非信贷资产价格渠道）的变迁。随着资本市场的发展，资本市场在金融系统中的地位越来越突出，作为储蓄向投资转化、风险管理和公司治理的市场机制，对资本形成、产出、物价等经济变量的作用日益突出，资本市场逐渐成为货币政策传导的重要载体。托宾 q 理论和布鲁纳、梅尔查的财富组合调整论揭示了货币政策通过资本市场的资产结构调整效应的传导渠道；莫迪利亚尼的生命周期理论揭示了通过资本市场的财富效应的传导渠道；广义信用渠道理论揭示了通过资本市场的非对称信息效应和流动性效应的传导渠道。这些理论都充分肯定了资产价格在货币政策传导中的媒介作用，将货币传导机制理论从货币市场渠道拓展为货币市场与资本市场并重的资本市场渠道。

综合而言，货币传导机制理论研究范式的变迁，实际上反映了随着金融系统结构的演进，人们对货币、金融与经济关系认识不断提高这一事实；也深刻揭示出货币传导机制实际上是由经济环境和金融系统结构内生决定的。在简单金融系统结构下，货币政策的传导渠道也必然单一；但在结构日益复杂的现代金融系统条件下，货币政策传导也自然变得复杂而多元。

第二节　利率渠道理论及其金融系统结构基础

利率渠道理论是传统宏观经济理论模型中货币政策影响实际经济的最重要的机制，最初是由凯恩斯提出，后经希克斯和汉森发展而来，是货币金融领域的主流理论之一。

一　凯恩斯的利率渠道理论

凯恩斯在《就业、货币与利息通论》（以下简称《通论》）中指出，有效需求不足是造成20世纪30年代产生严重失业现象的关键原因，政府可以采取扩张性的货币政策，通过增加货币供应而降低利率水平，从而扩大投资来解决有效需求不足的问题。具体来说，假设经济中只有可以相互替换的两类资产：货币和债券，货币不能带来利息但具有很强的流动性，人们对货币的需求正向取决于流动性偏好；债券具有利息但流动性很弱。这样，当中央银行通过货币政策操作增加了货币供给，引起人们手持货币超过了灵活偏好程度时，人们将会在金融市场上将过多的货币替换成债券资产，债券需求随之增加，其价格相应上涨。债券的价格上涨促使名义利率下降，由于价格刚性的存在进而带来实际利率随名义利率降低，当利率下降到小于资本边际效率时，就会刺激投资增加，增加的投资通过乘数作用刺激总需求和产出增长。

二 IS – LM 模型下的利率渠道理论

IS – LM 模型是建立在凯恩斯理论体系基础上的一般均衡模型，由英国经济学家希克斯和美国经济学家汉森先后倡导，也称为希克斯—汉森模型，于《通论》问世次年提出，成型于 20 世纪 50 年代，至今仍是国内外学者进行货币经济分析时最常用的模型之一。该模型描绘了商品市场和货币市场同时达到均衡的一般均衡状态，即预计投资与储蓄相等（I = S），货币需求量与货币供给量相等（Md = Ms）时产出与利率的组合点。用图表示为：

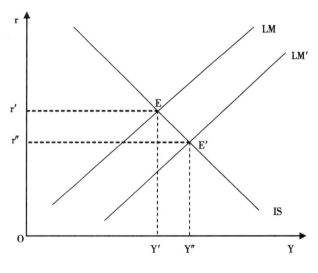

图 4 – 2　IS – LM 模型

此模型对于货币政策的传导可以简述如下：在 Ms 一定的情况下，货币市场均衡线 LM 与产品市场均衡线 IS 的交点 E 就是经济的均衡点，当货币当局实行扩张的货币政策时，LM 曲线会向右移动，比如从 LM 移动到 LM′，利率会相应地下降到 r″，利率的下降会刺激投资，这将导致均衡产出从 Y′增加到 Y″；而当货币当局实行紧缩性政策时，则产生相反的效果。利率传导对国民收入影响程度的大小，要视 IS 和 LM 两条曲线的相对斜率而定，如果 IS 的斜率小而 LM 的斜率大，亦即投资需求的利率弹性小而货币需求的利率弹性大，那么一定的货币供给增加只能使收入略微增长，反之亦然。凯恩斯主义者一般相信前者，所以更主张使用扩张性的财政政策应对经济萧条。

比较 IS－LM 模型描述的利率渠道理论与凯恩斯本人提出的利率渠道理论，显然后者是建立在前者的基础之上，不过是以一般均衡思想来描绘货币经由利率作用经济的过程而已，所以二者只是在阐述方式上有所不同而本质上是一样的。

三　利率渠道理论的进一步发展

后来的经济学者进一步发展了利率渠道理论，认为利率的变化不仅会影响资本成本而改变投资需求，而且也会使主要依靠贷款来消费的耐用品消费成本提高，从而影响到消费需求。并通过利率期限结构理论将长短期利率相连，论证了中央银行可以通过对短期利率的调控而调整与投资和消费支出紧密相连的长期利率，进一步丰富和完善了这一传导渠道理论。

总体来说，利率渠道的主要思想是：货币当局通过改变货币供给（M）影响人们的灵活偏好即货币需求，进而影响短期名义利率水平，通过利率期限结构，长期名义利率也随之变化，在存在一定程度的价格刚性或工资刚性的情况下，名义利率的变化意味实际利率（r）从而资本成本或消费者的耐用品成本发生变化，这种变化又会导致消费和投资的变化，投资（I）和消费支出（C）的变化最终会通过乘数效应使得产出发生变化。这种货币传导渠道可以简单描述为：

$$M\uparrow \Rightarrow r\downarrow \Rightarrow I, \ C\uparrow \Rightarrow Y\uparrow$$

四　利率渠道的金融系统结构基础

根据利率渠道理论，可以看出高度发达的各子市场紧密联系的竞争性金融市场系统和仅作为货币发行机构而存在的银行系统是这一渠道发挥作用的金融系统结构基础。

首先，这一渠道假设金融系统中只包含货币和债券两种金融工具，这一假设实际上是认为金融系统中具有异质性的金融资产只有货币和货币外的其他金融资产两类。货币作为交换媒介存在，可以降低信息成本和交易成本而获得实际收益，但不具有价值储存功能；货币外的金融资产被视为同质的，都是资本的完全替代物，可以给储蓄者带来利息收入，统称为债券。只有在完全竞争的金融市场中，货币外的金融资产才可能是同质的。因为非完全竞争的金融市场存在摩擦和交易成本，在企业资本形成中银行贷款和股票、债券等金融工具具有显著的异质性。

第二，这一渠道是以利率期限结构理论为基础的，而只有在紧密联系的多层次金融市场系统中，资金才能自由地在各种金融子市场之间流动，从而形成长短期利率之间的联动关系和合理的期限结构。这样，货币当局才能够通过控制货币供给来影响金融市场利率期限结构，经由短期利率调整实现对长期利率影响而达到调控宏观经济的目标。

第三，这一渠道将利率视为联结货币与实际经济的枢纽，传导效应取决于微观经济主体参与金融市场活动的广度和深度以及利率的市场化决定机制。而越是发达的多层次金融市场越能为微观经济主体提供多样的投融资产品，才能吸引微观经济主体积极参与金融活动，他们参与金融市场活动的积极性越高，利率对政策引致的货币变化才能越敏感，利率渠道效应也越强。而且只有在高度发达的金融市场上，利率才是高度市场化的，这样的利率才能真正发挥价格信号和引导资源的作用，微观主体才能根据利率的变化，灵敏做出投资和耐用消费选择上的调整，货币政策才能有效地影响实际经济。

第四，这一渠道中包含有银行这一金融组织，但只把它视为发行货币的系统，它存在的必要性在于其一部分负债进入了货币供给，完全忽视了银行金融中介在金融市场中降低交易成本和信息成本的独特作用。

所以，一国金融系统结构中，金融市场在投融资中主导性越突出、金融市场竞争性越高、利率的市场化程度越高，利率渠道在货币传导机制中的作用越突出，传导效应也就越强。

第三节　信用渠道理论及其金融系统结构基础

现代货币政策传导的信用渠道理论的代表人物有伯南克（Bernanke）、布林德（Blinder）等，主要包含银行贷款渠道理论和广义信贷渠道理论两部分。

一　银行贷款渠道理论

银行贷款渠道又称狭义信用渠道，认为在有摩擦的信贷市场中，银行在信贷市场中扮演了关键性角色，或者说，由于银行在处理信息不对称问题中的特殊作用，使得银行贷款具有了与其他货币以外的金融资产不可替代的性质，银行贷款成为借款人或部分借款人唯一的外源融资途径。这样，由于银行部门缺乏存款负债的较为接近的替代品而依赖于可储备的活期存款作为其资金的重要来源，货币政策变动就可以影响银行贷款能力，进而对银行贷款供应产生直接的影响，最终带来投资、消费和产出的变化，换言之，银行信贷就成为除利率之外的一条独立的货币政策传导渠道。

　　伯南克和布林德建立了 CC – LM 模型（见图 4 – 3）来具体解释货币政策是如何经由银行贷款渠道而传导的。该模型扩大了 IS – LM 分析框架中的金融工具种类，通过引入金融资产的差异性，强调了信贷市场在货币传导中的作用。假设存在三种异质性金融资产——货币、银行贷款和债券（资本的完全替代工具，定义为除货币和银行贷款外其他金融资产的一个组合），银行贷款和债券之间不存在完全替代关系，特定借款者除银行贷款外没有其他融资渠道。这样均衡的债券利率和国民收入取决于 CC（信贷与商品市场同时均衡曲线）和 LM（货币市场均衡曲线）的交点（E 点）。在 CC – LM 模型中，货币政策传导过程是：当货币当局实行扩张性的货币政策时，一方面，银行活期存款增加，LM 曲线右移到 LM′，使得利率由 r_0 降低到 r_1，产出相应由 Y_0 增加到 Y_1；另一方面，因银行贷款供应增加，CC 曲线右移到 CC′，最终导致产出增加到 Y_2。模型中 r_2（表示银行贷款利率）高于 r_1（表示债券利率），则反映了信贷配给的存在。模型所反映的货币传导渠道还可以用如下示意图描述：

$$M \uparrow r \downarrow \Rightarrow 银行信贷供应能力 \uparrow \Rightarrow I, C \uparrow \Rightarrow Y \uparrow$$

二　资产负债表渠道理论

　　资产负债表渠道又称为广义信贷渠道或"金融加速器"，主要由伯南克和格特勒提出（1989）。它的运作和利率传导机制有相当大的相似之处，都包含了实际利率的变化对投资、消费的影响，但该渠道强调货币政策经由借款人的资产负债表或说借款人的财务状况对其外部融资升水的影响而发生作用。认为在信息不完全条件下，市场均衡投资水平正

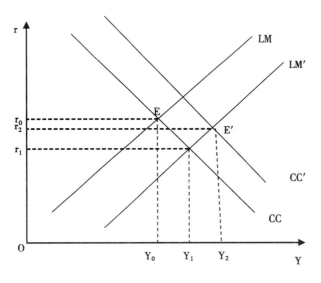

图 4 - 3   CC - LM 模型

向地取决于借款人的资产负债状况——借款人资产净值与其负债之比，借款人净值指企业流动资产与可售抵押品之和。资产负债状况改善，说明借款人有更多的资源，即可直接为项目融资又可作为得到外部资金的抵押品，因此会减轻外部投资者面临的逆向选择和道德风险，从而降低外源融资升水，刺激投资行为的发生。所以，借款人的净财富越大，亦即资产负债表上流动资产与可能转让担保的净值越大，外源融资升水就越少。良好的财务状况可以减少借贷双方潜在的利害冲突，因借款人可自行解决投资项目所需大部分资金，或获取更多的债务担保。正因如此，经济学家们普遍认为，企业资产负债表能够影响其投资决策，表内变动能扩大企业经营活动，从而起着一种"金融加速器"作用。

货币政策可以从多方面影响资产负债状况，具体来说，当货币当局采取扩张性政策降低了名义利率和实际利率时，这会使得借款人的净值上升，改善其资产负债状况。因为利率下降会降低企业负债的真实价值和利息成本，提高其预期的未来销售额；同时利率下降将刺激公司股票价格上升，这都会使得企业未来现金流量的现值上升或企业股票市场价值与非股票市场价值（如债券）上升（意味企业担保品价值上升），也即企业净值上升。借款人资产负债状况的改善，又会使得信用可靠性提高，这是因为在信息不对称的条件下，企业净值上升促使企业减少对高风险项目的投资，减弱了企业外源资金供应者面临的逆向选择和道德风险，企业外源性资金供应者对企业信用可靠性评价随之上升。结果，企业外源性资金的潜在提供者会降低索要的风险溢价，不对称信息问题最终使得企业通过外源融资为新的投资项目筹资的成本低于通过内源融资筹资的成本，这样，紧缩性货币政策通过影响企业外在投资人的资金供应而进一步使得投资和产出水平下降（即金融加速器）。简单起见，可用以下示意图表示该传导渠道：

$$M\uparrow \Rightarrow r\downarrow \Rightarrow 企业净值\uparrow \Rightarrow 逆向选择与道德风险\downarrow \Rightarrow$$
$$信用可靠性\uparrow 融资溢价\downarrow \Rightarrow I\uparrow \Rightarrow Y\uparrow$$

此外，这一渠道还提出货币供应和利率的变化会影响到家庭部门的资产负债情况，进而影响家庭的消费支出。当货币当局实行扩张性货币政策操作，使货币数量增加而利率下降时，会使得家庭负债值下降，家庭拥有的金融资产升水，家庭资产负债表状况改善。资产负债状况的改善使家庭陷入财务困境的可能性减弱，从而促使家庭增加对耐用消费品和住宅的支出。以图简单表示为：

$$M\uparrow \Rightarrow r\downarrow \Rightarrow 金融资产的价值\uparrow 家庭债务价值\downarrow \Rightarrow$$
$$家庭财务困难的可能性\downarrow \Rightarrow C\uparrow \Rightarrow Y\uparrow$$

三　信用渠道的金融系统结构基础

通过以上理论可以看出，银行贷款渠道和广义信用渠道发挥作用的金融系统结构基础既有相同特点也存在区别，相同的是都以非完全竞争的金融市场系统为基础，这样货币政策就可通过影响贷款人的行为而起作用。不同的在于狭义信用渠道强调银行中介这类贷款人在货币传导中的作用。

首先，银行渠道的存在依赖于存在一个非完全竞争的信贷市场和具有异质性金融资产的金融系统。非完全的信贷市场中，信息不对称和交易成本问题会赋予银行这种金融机构特殊的功能，不再仅仅是发行货币的系统，更是解决信息不对称问题最有效的制度安排，它所提供的银行贷款金融工具才能有别于货币、债券等金融工具，从而在货币传导中扮演重要的角色。所以，经济学家们通常认为一个在资本市场不发达、以银行金融中介为主导的金融系统中，这一渠道是货币政策传导的主要渠道。但在资本市场发达的金融系统中，这一渠道则可能不存在。

第二，广义信用渠道也依赖于存在一个非完全竞争的金融市场，这样的市场中，信息不对称会带来内源融资和外源融资的差异，企业和家庭的资产负债状况才能影响外源资金供应者的资金供应行为。此外，广义信用渠道还强调股票资产价格在货币传导中的作用，要求存在一个相对发达的、与货币市场紧密相连的股票市场，这样，由货币政策引致的货币和利率的变化，才能引起股价的变化，从而通过借款人的资产负债表而传导政策意图。

第四节　广义资产价格渠道及其金融系统结构基础

现实的复杂金融系统不仅仅存在银行这种信用中介，还有许多非银行类的金融机构和日益发达的金融市场。金融市场和各类非银行金融机构的发展对货币政策传导日益发挥着重要的作用。如果在货币政策传导中引入非银行金融机构，如非银行金融中介机构、保险和养老基金、证券市场机构，引入商业票据等信用市场工具和初级证券（股票和债券），那么金融结构就更加复杂化，也与现实更接近。在这种复杂的现实金融结构下，除传统的利率渠道、狭义和广义信贷渠道外，货币传导机制还有第三类渠道，即非货币的、非信贷的资产价格渠道，主要包括托宾在其资产组合均衡理论基础上提出的投资的 q 理论，莫迪利亚尼关于生命周期理论的居民财富效应渠道理论、广义信用渠道理论和布鲁纳、梅尔查的财富组合调整论。由于前面已详细讨论广义信用渠道理论的企业资产负债表渠道，下面只概括其他三种理论。

一　托宾的 q 理论

托宾的 q 理论提供了一个与以往凯恩斯主义者不同的货币政策传导机制，即货币政策通过影响股票价格来影响真实经济。

托宾按一般均衡分析法，把整个社会经济划分为金融部门和真实经济部门，认为金融部门是一个由互相关联的资产债务市场构成的复合体，而真实经济部门则是现实生产中的商品和劳务市场的复合体。由相互关联的资产债务市场所决定的资产的价格、利率，以及资产的数量，既会影响真实经济，又会受到真实经济的影响。并指出资产是多元的，金融资产除货币外，还有公债、公司债、股票、商业票据、定期存款等，因此利率也就是多元的，正是各种利率的对比关系的变化影响到经济的动向；多元的金融资产之间具有不同的替代程度，所以一种金融资产的收益（隐含的或标明的利率）就不仅取决于该资产的供给，也取决于其他资产的供给，市场机制的力量总是要使各种资产的边际收益趋于一致；对某种资产的需求，既与该资产的收益（利率）成正比，也与其他资产的收益（利率）成反比，由于各种金融资产的相对收益经常变动，因而人们也随之经常变更所持金融资产的构成；社会的生产和投资活动，既取决于各种真实资本的收益，也受各项资产的交易成本所制约，只有当某种资产的收益大于其成本时，该种资产的生产和投入才会增加，为说明这种关联，托宾引入了 q 值。q 是企业的市值（以当期股票价格衡量）与资本的当期重置成本之比，当 q > 1 时，意味着建立一个新的工厂和增添新的设备比企业的市场价值要便宜，企业通过发行股票的方式融资来购置新设备是有利可图的，这时投资会增加；反之，当 q < 1 时，股市低迷，投资者宁愿购买一家旧企业获得旧资本，也不进行新的投资。

　　所以，当中央银行采取扩张性货币政策，货币供应量（M）增加，利率（r）下降，社会公众发现所持货币比意愿持有要多，则会通过各种投资方式来改变其资产构成，购买股票就是一种常用的方法，股票需求的上升促使股票价格（PE）上升，股票价格上升引起 q 值升高。q 值的上升，意味着股票的市场价格相对于资本重置成本在上升。换言之，新的厂房和设备成本相对于股票市场价格更为低廉时，q > 1，企业便可发行股票，获得较购买厂房、设备成本费用更高的价格。由于企业能通过少量的股票发行而换取较多的新的资本品购买，于是投资支出自然会增加，并最终导致真实产出增加，反之亦然。用简图表示，托宾的资产价格传导机制可以表示如下：

$$M\uparrow \Rightarrow r\downarrow \Rightarrow q\uparrow \Rightarrow PE\uparrow \Rightarrow I\uparrow \Rightarrow Y\uparrow$$

二　莫迪利亚尼的财富效应渠道

　　货币政策通过财富效应渠道发挥作用的基础是安东和莫迪利亚尼

（1963）提出的消费的"生命周期理论"。生命周期消费模型认为消费
支出取决于生命周期内的财富资源即总财富，这种财富由实际资本、金
融财富和人力资本构成。当货币当局增加货币供应，会促使利率降低，
进而提高永久性资产（股票、房地产等）的价值（PE），使家庭总财富
额（W）升水，从而导致消费支出上升，最终促进产出增长。这种货币
传导机制作用过程可以简单描述为：

$$M\uparrow \Rightarrow r\downarrow \Rightarrow PE\uparrow \Rightarrow W\uparrow \Rightarrow C\uparrow \Rightarrow Y\uparrow$$

三 布鲁纳—梅尔查模型

货币主义的领袖人物弗里德曼提出的货币与收入"单纯相关"论，
没有重视从货币供给量到产出这一关联过程的具体机制，但他的研究促
使其他货币主义学者沿着广义资产角度来研究货币传导的具体机制。其
中最具代表的是布鲁纳和梅尔查提出的强调资产相对价格的货币传导机
制理论，在西方经济学界被称为"布鲁纳—梅尔查模型"或"财富调
整论"。

该理论认为资产可以分为三大类：一类是充当交易媒介的名义资
产——货币或基础货币；一类是以利率表示其收益率的名义资产——股
票和债券等金融资产；一类是可用价格表示其收益率的真实资本存量或
真实资本请求权——房屋、耐用消费品、生产者资本和资本请求权等。
各种资产可相互替代但不具充分性。社会公众在这三种资产中进行最佳
选择、组合或资产调整。当货币当局改变货币供给时，会打破原有的资
产组合平衡关系，使得人们对所持有的资产进行结构调整，从而带来资
产价格的变化（包括股票、债券等金融资产和房地产等实物资产价
格），资产价格的变化通过成本效应、财富效应、信用供给效应影响到
投资、消费，最终使得实体经济发生变化。首先，一次正的货币冲击
（M），会直接影响到商品市场。这是因为在商品市场上，由于人们持有
的货币增加，在价格黏性的假设条件下，使得实际货币余额增加。货币
是财富的构成部分，在其他条件不变时，财富随实际货币余额的增加而
增加，财富的增加最终使得消费支出增加，这一效应又被称为"庇古财
富效应"。第二，一次正的货币冲击（M），会通过对金融市场的影响间
接影响到资本品市场。由于货币量的增加，导致利率（r）下降和证券

价格上升，促使人们的资产选择由货币—证券，证券—资本品。具体来说，利率下降通过成本效应影响投资和消费，证券价格上升通过财富效应鼓励投资和消费，利率下降、证券和资本品（PE）价格上升通过信用供给效应扩大了消费和投资。这种货币传导机制作用过程可以简单描述为：

$$M\uparrow\begin{cases}\Rightarrow r\downarrow PE\uparrow\Rightarrow C\uparrow I\uparrow\Rightarrow Y\uparrow\\\Rightarrow C\uparrow\Rightarrow Y\uparrow\end{cases}$$

由以上分析可以看出，布、梅二人对货币政策传导机制的分析复杂而精细，不仅仅吸收了凯恩斯主义关于利率作用的观点，在资产结构调整和财富效应方面也分别接近于托宾和莫迪利亚尼；不过仍秉承了弗里德曼的货币传导的直接性，认为货币政策的传导不是主要经由利率进行的，更强调货币冲击经由对相关资产价格的影响而直接对产出发生作用。

三　广义资产价格渠道的金融系统结构基础

以上三种强调资产相对价格在货币传导中作用的理论，都强调资本市场作为资源配置、风险定价和公司治理的市场机制对经济和货币传导的重要影响，是建立在多层次金融市场、多样化金融资产、多元而业务交叉的金融机构的金融系统基础上的。

第一，存在多种多样的金融工具（或金融资产），各种金融工具都是人们表现其财富的资产形式，不同的金融资产具有不同的收益和风险，所以具有不完全替代性，人们会根据自己的需要持有各种金融资产以实现一定的组合平衡。

第二，存在发达的证券交易市场，企业可以通过发行初级证券融资和在二级市场上回购和再融资，消费者可以通过买卖证券进行直接投资和资产组合调整，商业银行、投资银行等金融机构可以进行市场中介、流动性管理和风险管理。经济中的行为人面对具有不同特性并在流动性、风险和收益等方面存在差异，因而不可完全替代的资产和负债菜单，需要进行资产组合和资产负债管理。金融市场的存在使代理人进行资产组合和负债管理成为可能，并在此过程中形成资产价格。

第三，存在业务交叉，既竞争又相互依存的多样的金融机构，如银行和非银行金融中介以及各种为证券交易服务的非中介性金融机构。这些金融机构在业务上相互交叉，并日益通过金融市场形成复杂的金融联系。

第四，不强调银行金融机构在储蓄投资转化中的中介作用，不强调货币利率这种资产价格在政策传导中的作用，而强调金融系统整体在储蓄向投资转化过程中的媒介功能，强调人们根据各种金融资产价格或收益变动而做出的财富资产结构的调节行为在政策传导中的作用。

所以越是在高效发达、层次丰富、结构复杂的金融系统中，货币政策的广义资产价格渠道越为突出，这也正是在现代金融复杂系统时期，各国越来越重视资产价格在货币传导中的作用的重要原因。

第五节　汇率渠道理论及其金融系统结构基础

在开放的宏观经济条件下，各国金融系统相互影响和联结，金融市场中的利率和汇率形成了相互作用的机制，在此基础上西方经济学者提出了货币政策经由汇率对实际经济发生作用的汇率渠道理论。该理论认为，在开放的宏观经济中，一国货币当局改变货币供给的行为，会通过利率和物价的变化引起国际贸易和资本流动的变化，导致汇率变动，而汇率的变化最终使得国民产出发生变动。具体来说，货币传导过程如下：在利率与预期汇率的关系符合未抛补的利率平价条件时，宽松的货币政策（M）降低了国内利率（r），国内与国外利率的差别通过资本内流使得本币汇率（E）上升，从而使得该国贸易条件恶化，进而导致净出口（NX）和总收入下降。简单起见，此传导渠道可表示为：

$$M\uparrow \Rightarrow r\downarrow \Rightarrow E\uparrow \Rightarrow NX\downarrow \Rightarrow Y\downarrow$$

显然，汇率传导机制是建立在一国金融系统对外开放的基础上的。在金融开放条件下，资本才能通过金融市场而自由地在国际间流动，使得国内各种金融资产与国外各种金融资产具有了相互替代性（非完全替代）。这样，居民在财富的资产安排和资产调整过程中，不仅仅会关注国内各金融变量的相对变化，还必然关注诸如汇率、外国市场利率等相关金融变量的变动，使得国内外利率和汇率之间建立起了联动机制，所以金融系统的开放结构决定了这一渠道的效应。

第六节　小结

本章在探讨货币传导机制理论研究范式是如何随着金融系统的结构演进而转变的基础上，综合评述了现代货币政策传导机制的各主要渠道理论，对各渠道发挥作用的金融系统结构基础进行了分析，得到了一些重要的启示：

第一，金融系统结构的日益复杂是货币政策传导机制变化的决定因素，作为各国货币政策指导的货币传导机制理论的研究由忽视金融结构的研究范式向重视金融系统结构的研究范式转变是二者关系在理论上的表现。

第二，在金融系统演进为复杂巨系统时期，一国货币政策是通过多元渠道来传导政策意图的，其中任何一种渠道能否发挥作用取决于一国金融系统是否具备相应的结构基础。要提高货币政策传导的效应，就需要具备完善的多元化金融组织体系和高效率的金融中介机构，需要发育良好且相互联系的货币市场与资本市场，需要合理的利率结构和灵活而相互关联的利率体系。

第三，金融系统结构决定了与之相匹配的传导渠道，随着一国金融系统结构的不断演进，在不同时期金融系统结构有着不同的特点，所以一国货币政策传导的主要渠道、主要性质和传导效应会随金融结构的演进而发生改变。中国是一个处于经济体制转轨期的国家，金融系统结构在短短的三十多年时间中，由与高度集中计划管理体制相匹配的大一统银行为核心的金融系统，向与社会主义市场经济相匹配的复杂巨系统演进，系统结构和功能发生了质的变化，这必然带来中国货币政策传导机制的显著变化。所以在货币传导机制理论指导下，根据中国金融系统结构演进的过程，来分析中国货币传导机制的变迁是极具理论和实际意义的研究视角。

第五章

发达国家货币政策实践中
货币传导机制的变迁

环境的变化以及主体的能动性是系统结构演化的动因。随着经济、社会、法律、习惯和意识形态的变化，一国金融系统的结构不断演进，不仅仅不同国家金融系统在结构上具有差别，就是同一国家在不同的历史时期其金融系统在结构上也有着变化，所以仅从理论角度分析货币传导机制的变迁和各种传导机制作用的金融系统结构基础还远远不够。为进一步分析金融系统结构演进对货币传导机制的影响，本章选择美、英、德、日四个发达国家为样本，分析金融系统结构演进对各国货币政策传导各环节，包括工具、目标和中介指标等的具体影响。由于发达国家将货币政策作为一种实现政府宏观经济目标的工具，是从第二次世界大战之后开始的，所以对各国货币政策实践中货币传导机制的分析也就从第二次世界大战后开始。

第一节　美国货币传导机制的变迁

美国联邦储备委员会是美国的中央银行，主要通过公开市场操作、准备金要求、约定清算头寸和贴现窗口借款等工具来实现其货币政策的目标：充分就业、价格稳定、适中的长期利率。在不同时期，由于所面临的经济金融环境不同，美联储在政策目标、政策工具上的选择各不相同，这也就使得货币传导机制发生了一定的变迁。

一　40—50 年代初的货币政策

这一时期是凯恩斯理论盛行时期，受此理论影响美国开始了以利率控制为主要内容的货币政策实践，利率传导渠道成为货币政策实现经济调节的主要途径，并特别强调把银行信贷作为中间目标。1941 年，美联储为筹集军费，采取了廉价的货币政策，即盯住战前的低利率：三个月期的国库券利率维持在 0.375%，长期公债利率维持在 2.5%。无论在什么时候，只要利率上升到高于上述水平，而且债券价格开始下跌时，美联储就进行公开市场购买，迫使利率下降。战后为防止出现经济萧条，仍然保持这一利率政策。直到 1951 年 3 月，美联储和财政部达成"一致协议"，取消盯住利率，但美联储承诺它将不让利率急剧上升。同时，美联储正式独立于财政部，此后货币政策才开始具有完全的独立性，这也标志着美国货币政策开始成为影响美国经济的主导力量。

二　50—60 年代的货币政策

在整个 50 年代，美国经济周期性扩张和收缩的特征非常突出，所以基本上是根据经济主要矛盾实行通过利率的变化来调节宏观经济的"相机抉择"货币政策。此时美联储开始逐步将公开市场业务作为主要的货币政策工具，通过市场操作来实现对操作指标，即自由储备金净额、三个月期的国库券利率和货币总量 M1 的控制，并按以上次序来决定指标控制的重要性。为便于观测自由准备金的水平，美联储在货币政策的具体实施中把货币市场条件作为关注的焦点，每日通过观察市场的变化来对准备金余缺做出判断，并采取相应的公开市场操作。政策结果表明，美联储对前两个指标的控制较好，对货币总量控制较差，政策效果表明这种相机抉择的货币政策并没有达到预想的政策效果，以致十年内竟发生了三次经济危机。到了 60 年代，又重新推行廉价的货币政策，同时重视财政政策的运用。货币供应量的增长率日趋上升，宽松的货币政策加之宽松的财政政策导致通胀率不断上升，从 1965 年的 2.3% 到 1969 年的 6.1%。这些政策进一步导致了 70 年代滞胀的发生。

三　70—80 年代的货币政策

六七十年代滞胀并存经济危机的出现，是凯恩斯理论无法解释的，从而削弱了凯恩斯理论的影响。同时，高举反凯恩斯旗号的货币主义复兴并在西方各国货币政策制定中产生了越来越大的影响。美联储顺应经济情况的变化，接受货币学派的政策主张，70 年代初期，联储常常尝试着采用政策操作以控制货币总量，在对这一调控技术逐渐成熟时，于1979年8月对货币政策运作进行了一次重大调整，即以控制货币供应量 M1 的增长率作为其货币政策的中介指标，以控制通货膨胀为首要调控目标，实行紧缩性货币政策，以稳定币值、遏制通货膨胀。具体的操作框架是：确定中间货币总量目标，如货币总量超过或低于目标值的话，就促使联邦基金率上下移动；联邦基金率作为货币市场条件的指示器，成为每天公开市场操作的操作目标；自由准备金起次要作用。日益活跃的联邦基金市场使得联邦基金利率成为可行的目标。但单一规则货币政策的尝试并未有效解决滞胀问题。1980 年，里根上台后采用高利率的货币政策，并辅之以宽松的财政政策，才有效地遏制了滞胀问题。80 年代以来，金融系统发生了较大的变革，金融创新和经济金融的国际化等因素，造成货币增长的不稳定，货币与物价之间的关系越来越不密切了，联储以 M1 增长率为中介目标的货币政策难以实现，最终在1987 年，联储放弃了狭义货币目标，转向广义货币 M2。然而 80 年代末，M2 增长与经济活动之间的关系也越来越弱，联储最终放弃了设定 M2 增长目标，仅仅将其作为监测的变量指标，取而代之的是借入准备金指标，这一状况一直维持到 1994 年。美联储具体操作是：通过公开市场操作控制储备金总量，并进而调节利率，所以实际上利率在这时已经开始取代货币总量和其增长率成为中介目标。

四　90 年代以来的货币政策

从货币政策的整体运行来看，这一时期基本延续了 80 年代末以来的操作框架，以借入准备金和联邦基金利率作为操作目标；不同的是在货币中介指标选取上，不再选择银行信贷或货币总量指标，而是根据实际经济金融运行的变化，将影响货币政策传导的多个变量涵括进来，组成利率、汇率、资本市场价格、物价等的综合中间指标体系；政策运用也转以利率微调的相机抉择为主要风格。

从 1990 年 7 月到 1992 年 9 月，美联储采取宽松的货币政策，连续逐步下调联邦基金利率 18 次，从 8.25% 下调至 3.0%，相应地，再贴现率从 6.5% 下调至 3.0%。这些措施促进了美国的投资和消费。1993 年 7 月 22 日，联储主席格林斯潘宣布：美联储决定放弃实行了十余年的以调控货币供应量来调控经济运行的货币政策规则，改以调整实际利率作为对经济实施调控的主要手段，这标志着利率重新成为货币政策的中介指标。

1994—1995 年，为避免经济增长过快而引起通胀，联储上调联邦基金利率 7 次，使美国经济成功实现了软着陆，并持续保持适度稳定增长。1996 年，为了促进经济适当加快增长，联储将利率从 5.5% 下调至 5.25%。

1997—1998 年，为了避免受到亚洲金融危机的影响，联储下调基金利率三次，从 5.5% 下调至 4.75%，使经济在继续增长、低通货膨胀的状态下良性运行。进入 1999 年，美国经济开始出现过热迹象，并存在通胀上升的危险。6 月联储开始紧缩银根，半年中先后三次提高利率，2000 年 2 月、3 月、5 月又分别提高利率，使联邦基金利率达到 6.5%，使得美国经济增速放慢，实现了调控意图。2000 年年末，在企业盈利明显减缓，消费者信心指数大降的形势下，为防止经济状况进一步恶化，联储从 2001 年初开始降息，一年内连续 11 次下调联邦基金利率，从 6.5% 下调至 1.25%，使得美国经济从 2002 年开始恢复，并保持了低通胀。这样的状况一直保持到 2004 年，在经济好转后，联储开始缓慢提高联邦基金利率，从 2004 年 6 月到 2005 年 8 月，连续 10 次以 25 个基点的幅度将联邦基金利率上调至 3.5%。应该说从 2004 年开始，美国数次上调利率并不是因为通胀，而是在通胀和通胀预期都趋于平稳的情况下，为避免货币因素对市场机制形成干预而实行的一种"中性"政策。2006 年 2 月，伯南克接替格林斯潘任美联储主席，在 2006　2007 年前两个季度，美联储的货币政策仍保持原来的中性风格，将控制通胀作为主要目标，通过 25 个基点的连续调整，到 2006 年 6 月联邦基金利率调至 5.25%，并保持到 2007 年 9 月。2007 年下半年，美国经济形势发生了变化，消费投资下滑，美元持续贬值，经济增长预期持续调低，次贷危机更是加剧了宏观经济下滑的速度，在这种情况下，美联储果断采取连续降息的宽松的货币政策来预防经济衰退，从 2007 年 9 月到 2008 年 5 月，连续 7 次降低联邦基金利率，到 2008 年 5 月 1 日下降至 2%，这一轮降息，不仅降速快，而且降幅也加大，改变了格林斯潘以来的微调风格，美国货币政策的风向顺应经济形式快速转变，政策的灵活性加大。

表 5 - 1　　　　　　　　美国 90 年以来联邦基金利率调整情况一览

调整时间		调整幅度（基点）	利率水平（%）	调整时间		调整幅度（基点）	利率水平（%）
1990 年	7 月 13 日	—	8.00		1 月 3 日	↓50	6.00
	10 月 29 日	↓25	7.75		1 月 31 日	↓50	5.50
	11 月 18 日	↓25	7.50		3 月 20 日	↓50	5.00
	12 月 7 日	↓25	7.25		4 月 18 日	↓50	4.50
	12 月 18 日	↓25	7.00		5 月 15 日	↓50	4.00
1991 年	1 月 9 日	↓25	6.75	2001 年	6 月 27 日	↓25	3.75
	2 月 1 日	↓50	6.25		8 月 21 日	↓25	3.50
	3 月 8 日	↓25	6.00		9 月 17 日	↓50	3.00
	4 月 30 日	↓25	5.75		10 月 2 日	↓50	2.50
	8 月 6 日	↓25	5.50		11 月 6 日	↓50	2.00
	9 月 13 日	↓25	5.25		12 月 12 日	↓25	1.75
	10 月 31 日	↓25	5.00	2002 年	11 月 6 日	↓50	1.25
	11 月 6 日	↓25	4.75	2003 年	6 月 25 日	↓25	1.00
	12 月 6 日	↓25	4.50		6 月 30 日	↑25	1.25
	12 月 20 日	↓50	4.00		8 月 10 日	↑25	1.5
1992 年	4 月 9 日	↓25	3.75	2004 年	9 月 21 日	↑25	1.75
	7 月 2 日	↓50	3.25		11 月 10 日	↑25	2.00
	9 月 4 日	↓25	3.00		12 月 14 日	↑25	2.25
1994 年	2 月 4 日	↑25	3.25		2 月 2 日	↑25	2.50
	3 月 22 日	↑25	3.50		3 月 22 日	↑25	2.75
	4 月 18 日	↑25	3.75		5 月 3 日	↑25	3.00
	5 月 19 日	↑50	4.25	2005 年	6 月 30 日	↑25	3.25
	8 月 16 日	↑50	4.75		8 月 9 日	↑25	3.50
	11 月 15 日	↑75	5.50		9 月 20 日	↑25	3.75
1995 年	2 月 1 日	↑50	6.00		11 月 1 日	↑25	4.00
	7 月 6 日	↓25	5.75		12 月 13 日	↑25	4.25
	12 月 19 日	↓25	5.50		1 月 31 日	↑25	4.50
1996 年	1 月 31 日	↓25	5.25	2006 年	3 月 28 日	↑25	4.75
1997 年	3 月 25 日	↑25	5.50		5 月 10 日	↑25	5.00
1998 年	9 月 29 日	↓25	5.25		6 月 29 日	↑25	5.25
	10 月 15 日	↓25	5.00		9 月 18 日	↓50	4.75
	11 月 17 日	↓25	4.75	2007 年	10 月 31 日	↓25	4.50
1999 年	6 月 30 日	↑25	5.00		12 月 11 日	↓25	4.25
	8 月 24 日	↑25	5.25		1 月 22 日	↓75	3.50
	11 月 16 日	↑25	5.50		1 月 30 日	↓50	3.00
2000 年	2 月 2 日	↑25	5.75	2008 年	3 月 18 日	↓75	2.25
	3 月 21 日	↑25	6.00		5 月 1 日	↓25	2.00
	5 月 16 日	↑50	6.50				

五　货币传导机制的变迁

综观美国战后 60 余年的货币政策实践，可以将其传导机制的变迁以表 5 - 2 简要归纳。

表 5 - 2　　　　　　金融系统演进中美联储货币传导机制变迁

时期	主要的政策工具	操作目标	中介目标	主要经济目标	金融系统概貌
20 世纪 40—50 年代初	再贴现率、准备金率、公开市场业务	国库券利率、长期公债利率	银行信贷	经济增长和充分就业	金本位制、金融市场和工具单一、银行信贷是社会资金供应的主要来源
20 世纪 50—60 年代	公开市场业务、再贴现率、准备金率	自由储备金净额、三个月期的国库券利率和货币总量 M1	银行信贷	充分就业与物价稳定	
20 世纪 70 年代大部分时期	公开市场业务、再贴现率、准备金率	联邦基金利率	M1 增长、银行信贷	稳定物价	金本位制崩溃、纸币本位制建立、金融机构兼并走向规模化发展、金融创新和管制放松
20 世纪 80 年代部分时间	公开市场业务、再贴现率、准备金率	非借入储备、联邦基金利率	M2	稳定物价	
20 世纪八九十年代以来	公开市场业务、再贴现率、准备金率	联邦基金利率、借入准备金	实际利率、物价、汇率、资产价格等一系列经济指标	稳定物价与防止经济萧条	纸币本位制进一步完善、金融规制大变革、传统银行类金融机构地位下降、金融市场重要性日益显现，自由化、信息化和全球化成为金融发展的主题

从政策工具看，经历了由再贴现率、准备金率为主到以公开市场为主的转变；从货币政策的中介目标看，经历了银行信贷—货币供应量—以利率为主的，包含诸如汇率、资本市场价格等多元经济指标的目标体系的变迁。这些变化有着深刻的金融系统演进的背景，随着国债市场的发展，美联储才可能将公开市场业务货币政策工具；只有在各货币子市场之间建立了密切的联系，公开市场业务才能通过调节银行准备金达到调节联邦基金利率，进而实现对市场利率、银行信贷、货币总量的调

节，公开市场业务这一政策手段才可能取代再贴现率和准备金率成为主要的货币政策工具。在 80 年代以前，金融市场不发达，银行是社会资金的主要供应者，金融创新较少，管制也较严，因此利率效应难以发挥，银行信贷和货币总量与经济目标间的关系更为密切；80 年代以后，出现大量的金融创新，放松管制使得金融市场更为活跃，一方面使得货币供应量和银行信贷变得难以控制，另一方面使得利率对货币政策更为敏感，在这种情况下，将利率作为传导途径是更合适的。七八十年代以来金融系统复杂结构演进，使得美国货币政策在实际中通过多元渠道传递，所以现阶段货币政策中介指标不再是单一的利率或货币总量，而是包括利率、物价、汇率、资本市场价格等在内的指标体系。

第二节　英国货币传导机制的变迁

英国的中央银行——英格兰银行最初只是发行的银行，由于两次世界大战和 30 年代的大危机对经济的破坏，使得英国政府体会到干预经济的必要，英格兰银行逐渐利用其货币政策调节经济，从而成为"宏观调控的银行"。

一　1945—1976 年期间的货币政策

这一时期，英格兰银行执行货币政策的指导思想是英国凯恩斯主义，即凯恩斯主义与英国社会民主主义的合流，自然将利率作为货币传导的核心。为应付战争和英镑危机。英国从 1939 年开始到 1951 年把再贷款利率（再贴现率）固定在 2%，短期市场利率大致在 0.5%—1% 之间，政府长期公债年率维持在 2.5%。这种长期冻结利率的廉价货币政策导致战后的经济衰退和英镑危机。到了 1951 年，英国放弃了廉价货币政策，执行新的货币政策，主要包括：实行积极的利率政策，不再固定再贷款利率，而让它在一定幅度内根据市场资金供求状况而自动调整；通过将各清算银行持有的 10 亿英镑的国库券转为利率为 1.5% 的长期公债，降低银行流动性比率，从而控制通胀；推行广泛的贷款限额制度，以削减信用供给总量等。这些政策的运用对英国经济的恢复和繁荣起到了积极的促进作用。值得一提的是，1957 年成立的金融政策研究机构——拉德克利夫委员会发表报告，提出了"利率—流动性—银行贷款—支出"的货币传导机制和相应的政策主张，反对通过直接控制银行贷款、消费信贷和资本的证券发行量来控制货币供应量的做法，强调利率的作用，主张将银行贷款作为主要政策指标，这对 60 年代前半叶英国货币政策运用产生了较为深刻的影响。

二　70 年代中后期到 80 年代的货币政策

在这一时期，"滞胀"困扰着英国经济，凯恩斯主义被认为失灵了，货币主义趁机在英国逐步兴起。1976 年英国货币当局引入货币供应量指标，当时规定 1976—1977 年货币存量的增加不得超过 90 亿英镑，1977—1978 年不得超过 77 亿英镑，1978—1979 年不得超过 68 亿英镑。较之货币总量绝对值，英国更强调最能反映金融行情的英镑 M3 增长率指标。同时为配合货币存量控制，还采用了加强利率调节的政策操作。1979 年，滞胀局面进一步恶化，同年，撒切尔夫人上台，英国更坚定地采纳货币主义的政策主张，以清除通胀。从 1980 年起，新政府对货币供应量的控制进行了改革，提出，货币供应量指标不能是一个指导性的东西，而应成为反通胀的最主要的武器，在随后采用的"中期金融战略"中，设立了货币供应量增速逐年下降的指标，但 1981 年的数据显示，这些目标都未实现。政策失效的原因一部分源于 80 年代以来的金融系统演化。因为各种创新型的金融工具对货币供应与收入之间的关系形成了冲击，同时各种新型的金融机构对商业银行形成极大的竞争，也使得以控制银行准备金为主要手段的货币控制政策失效了。为此，1981 年，当局又推出一个控制体系：放弃储备资产率要求；英格兰银行不再公布再贷款利率，通过参与票据贴现市场的运转来供应货币。1982—1985 年引入 M1，与原来的 M3 一同作为货币政策中介目标；1985—1987 又放弃了 M1 而采用了 M0 与 M3 同时作为中介指标；自 1987 年晚期 M3 增长目标被彻底放弃，货币量指标就只用 M0 了。但是，这些在原来传导机制框架中做出的调整，未能显著改善货币政策的效果。

三　90 年代以来的货币政策

金融创新、离岸金融发展以及金融自由化对英国货币政策运用产生了显著影响，货币总量的控制越来越难，而且货币总量与通胀和经济活动水平的相关度也不断下降。1993 年开始，英格兰银行正式放弃了货币供应量中介指标，以稳定货币为主要政策目标的货币政策框架，明确地将控制通货膨胀作为货币政策的唯一目标。1997 年工党执政，英国货币政策执行再一次发生调整：英格兰银行被赋予独立实施货币政策的权力，有权独立设定利率水平。此后，英格兰银行主要通过改变官方利率（1996 年前主要是再贴现率，1996 年后随着英国国债市场回购交易技术成熟，则改为期限为两周的回购利率为主），以影响商业银行各期限利率水平、债券等股票金融资产的价格，以及汇率水平来实现政策目标。显然利率在整个货币政策传导中居于核心地位，同时与美国相似，英国这一阶段货币政策中介指标也出现了多元化的趋势。

四　货币政策传导机制的变迁

英国货币传导机制随着时间的推移发生了一定的变迁（见表 5 - 3），无论是政策目标，还是实施手段以及操作和中间目标都发生了变化，这取决于当时经济面临的主要问题和实际情况，也与货币政策指导理论的变化有着直接的联系。不可否认的是，在这个过程中，金融系统结构的演进扮演了非常重要的角色。

表 5 - 3　　　　　　　　　　英国货币传导机制变迁

时期	主要的政策工具	操作目标	中介目标	主要经济目标	金融系统概貌
20 世纪 40—70 年代前期	再贴现率、直接信贷限制、特别存款	再贴现率、银行准备金	利率汇率	经济增长、保卫英镑	英镑在国际上地位不断下降，伦敦国际金融中心逐步被美国纽约取代，国内金融管制、限制创新
20 世纪 70 年代中后期到 1981 年	再贴现率、直接信用控制、准备金率、特别存款与补充的特别存款	再贴现率、银行准备金	M3 增长	物价稳定	

续表

时期	主要的政策工具	操作目标	中介目标	主要经济目标	金融系统概貌
1982—1985 年	票据市场公开操作、再贴现、直接信用控制	短期利率	M3 和 M1 增长	稳定物价	货币制度变革，金融创新、规制减少、金融机构之间竞争加剧，伦敦正成为英国离岸金融中心
1985—1987 年	票据市场公开操作、再贴现	短期利率	M3 和 M0 增长	物价稳定	
1987 年晚期—1993 年	票据市场公开操作、再贴现率	短期利率	M0 增长	价格稳定	
1993 年之后	票据市场公开操作、再贴现率	官方利率	物价、利率、汇率、资产价格等	价格稳定经济增长及充分就业	银行业与证券业融合、传统银行类金融机构地位下降、金融机构成为金融市场的主要投资者、金融市场重要性日益显现，自由化、信息化和全球化成为金融发展的主题

作为老牌资本主义国家和早期金融系统发展的范例，英国的金融市场尤其是票据市场很发达，这就为其货币政策的主要操作工具——公开市场票据买卖和再贴现政策的运用奠定了基础。第二次世界大战后英镑在国际货币中的地位被美元取代，使得保卫英镑也成为当时重要的货币政策目标，汇率很早就成为英国货币政策的中介目标。70 年代，抑制通胀成为主要的政策目标，金融系统中出现了诸如住房抵押贷款协会等新的金融机构和相应的业务，使得直接信贷限制变得无效而被英格兰银行逐步抛弃，货币政策由直接控制转向利用货币市场公开操作间接调控为主，同时由于当时还存在较为严格的金融管制，货币控制既较容易又和通胀之间有着直接相关性，货币总量指标取代利率和汇率成为中介目标。80 年代以来的金融系统大变革，使得货币总量无规则变化，控制它变得越来越难，而金融市场更加自由和开放，加强了利率作用机制的效果，利率成为货币控制和政策核心也是很自然的事。英国金融市场由来已久，自近代以来在其金融系统中一直处于重要地位，这就决定了英国民众财富的资产倾向明显，资本市场在货币传导中的作用不容忽视，

这是货币中介目标在 90 年代以后多元化的主要原因。

第三节　日本货币传导机制的变迁

一　二战后到 60 年代末经济起飞期的货币政策

第二次世界大战后到 60 年代末是日本经济起飞期。战后日本经济陷入产业严重衰退、恶性通胀和国际收支经常逆差的三重困境。在这种情况下，稳定通货、促进经济复兴和保持国际收支平衡成为日本当时主要的宏观经济目标。为此日本货币当局采取了支援四大重点产业部门和防范外汇危机的政策：执行低利率政策，日本银行给金融机构大量的低率资金，充分保证产业部门的资金需求，并由此形成了"超贷"；通过商业银行、长期信用银行、日本开发银行三种金融机构，对重点产业部门实行利率优惠和贷款额度优先政策，促使它们扩大投资。同时日本银行通过窗口指导，对商业银行贷款规模进行直接干预。窗口指导表面上看，只是一种道义劝说，但由于超贷，日本商业银行对日本银行有着很大的依赖性，指导具有很大权威，金融机构不得不执行，所以它实际是日本银行直接干预贷款规模的行政性工具，也是这一时期最有效的货币政策工具。

二　20 世纪 70 年代中期到 80 年代初经济平稳期的货币政策

这一时期，宽松的财政政策和石油价格上涨加剧了通胀，日本银行通过审慎监控货币供应量（M2 + 大额定期存单），成功地抑制了通胀。同时继续低利率政策扶持重点产业。值得一提的是，这一时期随着日本金融市场的发展，窗口指导的作用在下降，而官方贴现率、法定准备金制度和公开市场业务相继成为日本银行主要的货币政策工具。

三　20 世纪 80 年代中期到 90 年代初资产泡沫时期的货币政策

80 年代以后，采取了较松的货币政策，市场流动性充足。1985 年"广场协议"签订，日元不断升值，为缓解日元升值压力，日本在 1986 年开始下调再贴现率，由 1986 年的 5% 下调到 1987 年的 2.5%，低利率政策进一步增加了流动性。过剩资金大量进入股市和房地产市场，出现了资产泡沫。为此，日本银行从1989年5月开始采取了调高贴现率的紧缩性货币政策；1990年2月，日本出现了股票下跌、日元贬值和债券下跌的三重下跌，之后房市也开始下跌，日本泡沫经济破灭，导致银行出现大量不良资产，企业和银行部门的资产负债进行了重组，自然利率降低，并使得同期的潜在增长下降。

四　20世纪90年代中期以来的宽松货币政策

为治疗泡沫经济带来的后遗症，20世纪90年代中期以来，日本开始采用宽松的货币政策。从1991年7月开始，不断下调再贴现率，由6%下调至1995年9月的0.5%。1997年修改了《日本银行法》，明确了日本银行的职能，把谋求物价稳定作为其第一要职，同时提高了其在货币政策制定和实施上的独立性。1999年2月，日本银行实行了"零利率政策"，但收效甚微。为此，2001年3月又启动了量化宽松的货币政策，要求商业银行在中央银行开设账户，并存入一定数额的存款（金融机构在日本银行账户余额），并将其作为操作目标，最大限度供给基础货币以放松银根。但短期利率为零带来的"流动性陷阱"削弱了量化宽松的货币政策的有效性。而且由于市场对金融不稳定和银行不良资产的担心导致对货币的预防性需求增加，1997年货币总量与收入之间的联系大部分消失。2006年3月，日本银行引入"货币政策操作新框架"，结束了长达五年的量化宽松货币政策，新框架引入评估经济活动与价格的两大新原则：一是日本银行对经济前景的判断将遵循价格稳定前提下促进经济持续增长的原则；二是要认定预测期的潜在风险，比如，由于长期扩张性货币政策引起的过度投资可能导致经济活动的过度波动。

五　货币传导机制的转变

由上分析看出，第二次世界大战后日本逐步完善的独具特色的银行主导型的金融系统，再加上其贸易立国的发展导向，使得货币政策的运用和传导经历了不同于英美等国的变迁。如表5-4所示，最初货币政策具有强烈的行政指导色彩，第二次世界大战后到60年代末，真正发挥作用的政策工具是窗口指导，这一时期日本货币政策是通过窗口指导和利率管制下的银行信贷分配机制来传导的。直到 70 年代后，三个传统的货币政策工具才被相继采用。三大政策工具中又数再贴现政策最有效，货币政策的市场利率传导作用趋于明显。近年来，利率政策的失效，使得公开市场业务在政策运用中逐步显现其重要意义。随着金融系统开放度的扩大，汇率日益走向自由，使得日本的货币政策最终目标在 1973 年后由国际收支平衡转向国内物价的稳定。利率管制的放松，也使得利率在传导中的效应日益明显，自 20 世纪 80 年代以来逐步取代了货币总量成为中介指标。外向型经济的发展使得财富不断增加，促进了资本市场的发展，而资本市场的发展又为货币政策的传导提供了新的渠道。

表 5 - 4　　　　　　　　　　　日本货币传导机制变迁

时期	主要的政策工具	操作目标	中介目标	主要经济目标	金融系统概貌
二战后到 60 年代末	窗口指导、利率管制	存贷利率、贷款规模	银行信贷利率	经济增长、国际收支平衡（汇率稳定）	固定汇率制，以银行为主导的金融系统，特殊的政府和银行间关系、利率管制
20 世纪 70 年代中期到 80 年代初	再贴现率、窗口指导、准备金率、公开市场操作	官定利率、贷款规模	M2 + 大额定期存单	物价稳定	浮动汇率制，金融市场有所发展、利率管制放松
20 世纪 80 年代中期到 90 年代初	再贴现率、公开市场操作、窗口指导、准备金率	官定利率	由货币总量转向利率	经济稳定、汇率稳定	浮动汇率制，日元升值，资本市场发展迅速，资产价格形成泡沫
20 世纪 90 年代中期到 2001 年	公开市场操作、再贴现率	官定利率（再贴现率和无担保银行隔夜拆借利率）	利率	治理通货紧缩	资产价格泡沫破灭，银行系统产生大量不良资产，股市低迷，市场信心不足，经济陷入流动性陷阱中
2001 年以后	公开市场操作、再贴现率	金融机构在日本银行账户余额、无担保银行隔夜拆借利率	利率	稳定物价、经济增长	

第四节　德国货币传导机制的变迁

由于曾受马克两次大崩溃之苦而对货币稳定特别敏感，所以与英美不同，德国的货币政策目标一直就是保持物价和货币的稳定，亦即保证马克国内价值与汇价的稳定。为此，联邦银行在法律上被规定必须完成这一目标，而且在制定、执行货币政策过程中政府很少加以干预，德国联邦银行具有的高度独立性可算举世无双。在二战后，与英美等国不同，德国在艾哈德社会市场经济理论指导下，联邦银行未采纳当时流行西方的凯恩斯需求管理政策，因而也排除了"廉价货币政策"和"赤字财政政策"。实际上它采纳的是货币主义政策思想，主要以货币作为指示器，协调运用各种货币政策工具，改变货币市场和信用机构的流动性，并通过金融市场利率机制，最后集中作用于经济中的支出和物价。

具体来说，1973 年以前，联邦德国的货币政策中介目标是控制商业银行的流动性，即自由流动准备金。通过贴现率政策、再贴现定额、最低准备率、公开市场操作和资本流动控制五个工具的运用来控制银行系统的流动性头寸，并由此影响利率、信贷、货币和国民支出总量，以实现稳定马克币值目标。在五个工具中，主要的是前三个，公开市场操作并非主要工具，因为德国国债数量极其有限，联邦和州政府的债务大部分为银行和其他金融机构借款，资本市场的金融商品相对短缺。

70 年代中期以来，德国国内外形势发生很大变化，经济金融条件也相应变化，联邦银行适时调整了其货币政策。1974 年后，联邦银行的中介目标开始转向货币供应量（1988 年前使用中央银行货币指标，1988 年后改用货币总量 M3），这是因为：第一，美元等外币大量注入，隐含向国外大量借款，商业银行资金来源渠道由于欧洲货币市场的发展变得多样化，而不像以前，商业银行主要依赖联邦银行获得流通性资金；而且自由流动准备与银行信贷活动之间的联系已经中断；第二，随着布雷顿森林体系的瓦解，国际资本的转移对国内流动资金的压力不再成为严重问题，商业银行也不再将自由流动准备看做是一种保持在某一最低水平上的流动资金准备，相反，仅认为它是一种扩张信贷的潜力，对客户提供贷款只要考虑其业务流动资金状况是否能行即可，商业银行为追求高利润，尽力降低流动性比率来扩充对外贷款，此时自由流动准备金指标可以降至零，但银行贷款总量和货币供应量却在增加，这就破坏了以自由流动准备金来制约银行信贷规模的传导机制。为了实现对货币指标的控制，联邦银行这一时期对政策工具也进行了相应的改进，主要使用六个政策工具：再融资政策、最低准备金政策、公开市场操作、存款政策（现已停用）、通过外汇市场调节流动性政策和对国际货币与资本交易的控制（现大部分已取消）。再融资政策是对原来的贴现政策和再贴现定额的融合，公开市场业务随着德国货币市场的发展而重要性不断提高，尤其是国际资本流入对联邦银行与信贷机构原有的稳定资金供应关系的冲击，更使得联邦银行在1985年后加大对公开市场回购协议工具的运用，回购利率近年来已逐渐成为官方利率的重要指标之一。

在最近的一二十年中，德国几乎没有出现过那种易于持续破坏货币总量指标的金融创新，因此其货币政策还未受到严重妨碍。之所以如此，主要归因于德国的"全能"银行有效提供的各种金融服务、金融市场早期的自由化和放松管制（20世纪50年代取消了外汇管制，1967年取消了对利率的控制，70年代初金融自由化的几大内容在德国已基本完成），以及始终坚持反通胀的货币政策方向。1998年6月1日欧洲中央银行成立，1999年1月1日欧元正式启动，欧元区各成员国开始执行统一货币政策之后，并未影响和冲击德国联邦银行的货币政策模式，因为欧洲中央银行的货币政策模式是以联邦银行模式为蓝本的，其目标、工具、控制变量及其运作设计均与之一脉相承，并且欧元区的统一货币政策是交由各成员国中央银行自行执行的。但近年德国货币政策中介目标也有多元化趋势，在货币与物价关系逐渐弱化的情况下，虽然还坚持以货币增长为主要的中介目标，但允许短期内兼顾汇率和利率目标，特别是在这两个变量过于波动、恶化时期，更允许暂时地侧重其中的某一个。

归纳来说，德国货币政策传导机制的变迁相对较小，原因除了货币政策目标的一致性外，主要在于德国金融系统一直以来的"全能"银行主导发展轨迹。当然德国货币传导机制也随时间的变迁发生了一些细节的变化，如中间货币指标由银行流动性到货币总量，以及工具运用上的变化，这都是由金融系统的结构演进决定的。

表5-5 德国货币传导机制变迁

时期	主要的政策工具	操作目标	中介目标	主要经济目标	金融系统概貌
第二次世界大战后到1973年	贴现率政策、再贴现定额、最低准备率、公开市场操作和资本流动控制	官方利率、信贷机构流动性、汇率	商业银行流动性	马克稳定	全能银行体系，资本市场商品短缺
20世纪70年代中后期到1981年	再融资政策、最低准备金政策、公开市场操作、存款政策、通过外汇市场调节流动性政策和对国际货币与资本交易的控制	官方利率、信贷机构流动性、汇率	货币供应量	马克稳定	布雷顿森林体系瓦解，欧洲货币市场发展，金融市场重要性提高，金融系统开放度提高

第五节 发达国家金融系统结构演进中货币政策传导机制变迁的启示

通过对主要发达国家货币政策实践中货币传导机制变迁的国别研究，我们可以得到以下基本结论：

第一，金融系统结构演进和货币传导机制理论的发展，提高了货币政策在各国宏观调控中的作用和地位。随着金融系统的不断演进，金融对经济的作用日益明显，各种货币传导机制理论也相继提出，各国在不同阶段根据不同的经济金融环境和以不同的理论为指导进行了货币政策实践，随着各种货币政策操作技术的不断成熟，货币政策也逐步成为各国宏观调控的主要手段之一，其在一国宏观经济调控中的地位日益重要。

第二，金融系统结构差异是导致不同国家货币传导机制存在差异的主要原因。不同的国家由于金融系统发展状况和路径不尽相同，导致各国货币政策传导机制存在差异，例如英美自近代金融系统就逐步沿着市场主导的路径发展，这自然使得金融市场在货币政策的传导中具有十分重要的作用，间接调控的三大货币政策工具最早在英美采用，与其货币市场的发达不无关系，20 世纪 80 年代以来，货币政策中介目标由货币总量转向市场利率也首先发源于英美，这也是其金融系统变革直接的结果。近年来，货币中介目标的多元化趋势在英美表现得最为突出，也是由于其金融市场最为发达，对国民经济的作用日益重要，作为信息变量的金融市场各种价格（利率、汇率、非货币资产价格）在经济运行和政策传导中有着不可忽视的影响。而在日德这样以银行为基础的金融系统中，银行信贷在货币政策传导中自然也就具有重要的作用。同一国家在不同的历史时期，由于经济和金融系统发展处于不同的阶段，所以在不同时期一国货币政策的传导主渠道也随之发生变化。

第三，金融系统结构演进是各国货币传导机制变迁的主要原因。货币传导机制变迁的国别研究，充分说明了各国货币政策的操作和中介目标变化，无一不是以金融系统结构演进为基础的。在近 30 年来，无论是英美这样具有以市场为主导的路径依赖型的金融系统，还是德日这样以银行为基础的路径依赖型金融系统，在主体结构演化中都具有相同的趋势：融资市场化，机构同质化，工具的多元化，机构和市场在竞争中融合化，金融全球化。这种趋势打破了各国金融系统在结构上既有的发展路径，金融市场在各国金融系统中的地位和作用都越来越重要。这带来各国货币政策传导机制的变迁具有了一些共性，主要表现在：一是随着各国金融系统复杂化发展，货币传导机制也呈现多元化。90 年代以来，各国中介目标都有多元化的趋势，这正是各国货币政策传导机制多元化的具体表现。二是金融机构这一金融组织的重要性使得银行信贷机制被提出，但随着现代金融结构演化中资本市场的快速发展和银行适应竞争而进行的转型，这一机制的重要性在各国货币政策实践中的重要性正逐步削弱。三是 20 世纪中后期以来金融市场的发展，使得以市场为传导载体的货币传导机制在实践中被重视，例如 80 年代末以后，各发达金融国家都重新考虑货币政策中介目标的选择，除了德国外，都逐步抛弃以货币供应量为中介目标的做法，改为以利率或汇率为主要的中介目标，或是淡化货币供应量中介目标的重要性，兼顾其他目标；近年来公开市场业务在美、日、英货币政策运用中成为主要的工具等，都是对以金融市场为结构基础的利率机制和汇率机制重视的具体表现。四是现代金融系统结构的开放性，强化了汇率传导机制的重要性。

总之，金融系统结构决定了一国货币政策的传导机制，金融系统的结构演进决定了一国货币政策传导机制的变迁。这意味，在研究中国货币政策传导机制时，必须立足于中国金融系统的结构及其演进的事实。

第六章

中国金融系统结构演进的
过程和前景分析

金融系统的结构演进决定了货币传导机制理论研究范式的转变，具有匹配的金融系统结构是任何一种货币传导渠道发挥作用的基础，货币政策实践中货币传导机制变迁的国别研究揭示出一国货币政策传导机制是由该国金融系统结构及其演进决定的。所以，研究中国货币政策传导机制要立足于中国金融系统演进的实际。本章梳理中国金融系统结构演进的历史进程，总结其演进特点，并对未来发展前景做出预测。

第一节　新中国金融系统结构演进的一般过程

新中国成立后，对原有金融结构进行了大刀阔斧的改造，构建了以大一统银行为核心的金融系统。改革开放之后，在经济体制转轨的背景下，金融系统结构发生了与之相适宜的多元演进。

一　单一结构金融系统时期：1953—1983 年

（一）大一统银行为核心的金融系统的建立和逐步打破

新中国成立前，中国金融系统存在根本性的缺陷和结构扭曲，呈现出官僚资本垄断与半殖民地、半封建相混合的杂乱状态，金融功能薄弱、效率低下，频繁引发恶性通胀和金融危机。到了新中国成立前夕，大量官僚资本外逃、民族资本外流、外国资本撤退，再加上大批金融机构破产，导致金融系统资金空虚、运作失常，系统结构处于岌岌可危的崩溃边缘。新中国成立之初，政治的独立和经济的重整是首要的任务，所以在金融结构上主要是通过对旧有的金融要素和组织采取差别化的政策进行社会主义改造，保留了多种信用形式和多元金融组织。自 1953 年起，中国开始进行有计划的大规模经济建设，在经济体制与管理方式上按照苏联的模式实行了高度集中计划体制以及相应的管理方法。与此相适应，金融系统结构也按照苏联模式进行了改造，取消了金融市场和银行信用以外的各种信用形式，将一切银行业务集中于唯一的银行机构——中国人民银行，被称为以"大一统"银行为核心的金融系统。

1979 年中国开始了改革开放，集中计划经济体制逐步被放弃，单一结构的金融系统失去了其存在的基础，国家开始对金融领域改革，先后恢复和分设中国农业银行、中国银行、中国建设银行和中国工商银行四大国有专业银行，单一金融系统结构开始被打破。但在 1983 年前，财政主导的融资机制和金融系统的实质结构并没有太大的变化，人民银行仍集商业银行和中央银行职能于一身。1984 年，中国人民银行正式成为我国的中央银行，二级银行体制取代"大一统"银行体制，这标志着中国金融系统正式向多元结构转型。

（二）大一统银行为核心的金融系统在结构上的特点

1. 形成了财政主导型融资机制，金融没有发挥主导储蓄—投资转化功能

高度集中的计划体制下，一方面，中国企业 90% 以上为国有制企业，企业融资主要以财政拨款为主，银行短期贷款为辅，企业的利润也主要上缴国家财政，所以事实上企业是国家进行投资的载体。另一方面，整个社会的收入分配在相当程度上带有福利性、实物性分配性质，居民货币化所得除消费外剩余有限，国家而非居民是储蓄主体。所以储蓄和投资主体并未分离，都是国家，财政事实上主导着中国的融资机制，所以金融的主导功能在此刻未能得以体现，金融在经济中仅起辅助作用。

2. 金融资产形式单一

货币几乎是金融资产的唯一形式，主要在流通领域履行交换媒介职能而非价值储藏手段，货币的资产功能并未显现出来。没有货币外金融工具，人们财富的资产选择也就无从进行，再加上财政融资机制的存在，微观经济主体对金融活动的参与性很有限。

3. 金融组织单一，国家银行垄断信用但作用范围极其有限

没有了商业信用和金融市场，金融组织只剩下唯一的国家银行——

中国人民银行，它垄断了信用，是全国唯一的信贷中心、现金出纳中心和结算中心，同时执行着商业性金融机构、政策性金融机构、中央银行和金融监管机构的职能。但在财政主导型的融资机制中，银行融资仅限于数量规模较小的企业部分流动资金，所以人民银行实质上也不是真正意义上的金融中介，而是政府计划管理的补充机构。

二　多元结构金融系统时期：1984年至今

改革开放带来了中国经济体制的转轨，改变了金融系统的环境，在政府推动下，从1984年开始中国金融系统迈进了多元结构演进时期。与中国经济体制的渐进式改革相适宜，金融系统在结构转型上也呈现为阶段式演进特点。

（一）多元金融系统结构的初建：1984—1993年

自1984年到20世纪90年代初，中国通过金融改革打破了高度集中的以"大一统"银行为核心的金融系统，初步建立了以国家银行为主体的多元化金融机构，恢复并初步发展了货币市场、资本市场、外汇市场等金融市场，金融系统的多元结构开始形成，金融在经济中的资源配置功能也显现出来。

1. 多元化金融机构系统的初建

银行业金融机构发展状况。1984年中央银行体制建立，人民银行成为金融机构系统的核心与领导，独立经营的国家专业银行成为金融机构系统的主体。此外，全国性和区域性商业银行业开始组建。1986年，交通银行作为第一家按经济原则和市场规律运作的业务综合的全国性股份制商业银行得到重建，之后一批同类的全国性和区域性的商业银行，如招商银行、中信实业银行和深圳发展银行等陆续组建，至90年代初，新兴的商业银行系统在中国已具雏形。

各类非银行金融机构的建立和发展。这一时期非银行金融机构的发展主要表现在信托业、证券业和保险业。1979年10月成立了中国国际信托投资公司，主要经营引进外资和技术设备的业务；1986年，颁布了《金融信托投资机构管理暂行规定》，促进了信托业的合规经营和健康发展；1987年年底，全国大中城市相继成立了信托投资公司，主要办理委托、代理、租赁等业务。1987年深圳特区证券公司在深圳成立，

1988 年中国人民银行陆续批准成立了 33 家证券公司，中国证券业应运而生；1990 年，随着深、沪证券交易所的建立，证券公司数量激增。1984 年，中国人民保险公司从人民银行分立出来，独立经营各类保险业务。到 90 年代初，非银行金融机构的主要种类已基本齐备，大大拓宽了金融活动的领域，进一步丰富了金融机构系统的多元结构。

外资金融机构设立。1979 年改革开放的政策推行后，我国开始允许外国银行和外资金融机构设立代表处和分支机构。截至 1993 年年底，外资银行营业性机构共有 76 家，资产总额 89 亿美元，中国金融系统走向了开放化。

2. 金融市场的恢复与初步发展

表 6–1　　　　　　　　1994 年之前中国金融市场发展重要事项

时间	市场类型	重要事项
1986 年	货币市场	银行同业拆借市场开始形成
1986 年	证券市场	企业债券试点流通，债券的柜台转让市场开始形成
1988 年		国库券试点流通，国库券流通市场形成
1990 年 11 月		上海证券交易所成立
1990 年 12 月		深圳证券交易所成立
1992 年		建立 B 股市场、交易所国债市场
1993 年		国内企业开始境外上市
1990 年 9 月	外汇市场	外汇调剂公开市场开始组建

为适应多元经济发展的需要，国家鼓励多种信用形式的发展，恢复建立了各类金融市场。金融市场成为多元化金融系统结构中的新生力量，促进了直接融资，使之成为银行主导的间接融资机制的重要补充。

货币市场。这一时期货币市场的发展主要表现在银行同业拆借市场和票据市场上。1986 年上半年恢复出现了银行间同业拆借市场，该市场在 1986 年下半年以后发展很快，建立了以中心城市为依托，跨地区、跨系统的资金融通网络，逐步形成了不同层次、不同规模的拆借市场。而随着商业信用的恢复和其票据化发展，1981 年票据贴现市场开始出现，但由于票据市场上违规和假票问题严重化，1988 年基本停办了票据贴现，票据市场在之后的 6 年间处于停顿状态。

资本市场。1981 年政府开始恢复国债发行，1984 年企业开始发行债券进行直接融资，揭开了中国债券市场恢复和起步的序幕。当债券发行市场形成一定规模以后，债券的流通市场相继出现。1988 年 4 月，国库券开始在部分城市试点转让，其流通市场逐渐形成，1990 年后全国各地都开办了这项业务，国库券转让市场的开放使得债券流通市场蓬勃发展起来。从 1984 年开始的企业股份制改制，使得股票进入了中国金融领域，1986 年上海试办了股票的公开柜台交易。虽然到 80 年代末，债券市场和股票市场都有起步，但还没有形成有组织的证券二级市场，资本市场也未得到重视。1990 年 11 月 26 日，第一家会员制证券交易所在上海成立，同年 12 月深圳证券交易所也开始运行，标志着中国现代金融市场的结构基本形成。截至 1993 年年底，股票市价总值达3531 亿元，其中流通股市值为 862 亿元。同时，中国加快了金融市场的对外开放步伐，于 1992 年建立了 B 股市场，允许外国居民在中国境内使用外汇投资于中国证券市场特定的股票。从 1993 年起，我国允许部分国有大型企业到香港股票市场发行股票筹集资金，即 H 股。此后，我国部分企业在美国纽约、英国伦敦等证券交易所发行股票筹集资金，分别称为 N 股和 L 股。

外汇市场。在这一时期外汇市场也开始启动，1988 年 9 月在上海成立了外汇调剂公开市场，这是我国外汇市场的开端，随后各地相继成立了本地的外汇调剂市场，但各地外汇市场还是各自林立，没有有效地联系在一起。

3. 初建的多元金融系统的结构特点

一是财政主导型融资机制弱化，金融系统基础功能凸显。一方面政府职能转变和企业改革，使得政企逐渐分离，企业有了投资自主权，成为投资主体；另一方面，国民收入分配格局的变化，使得居民成为储蓄主体，如表 6 - 2 显示，政府储蓄在总储蓄中的份额在 1978 年占到60.4%，到 1993 年时下降为 2%，而居民的储蓄份额则由 9.5% 上升到62.6%。储蓄者和投资者发生了分离，储蓄也不再能直接转化为投资，必须经过金融过程才能实现。在国家淡出融资领域的同时，银行在融资领域的主导作用逐渐发挥出来，这一时期国家财政开始停止向国有企业增拨流动资金，银行成为企业流动资金的唯一来源，国家允许银行开办固定资产投资贷款，银行媒介的金融过程由流通领域扩大到投资领域。金融系统作为储蓄向投资转化载体的基础性功能凸显出来，金融各要素作为一个整体的功能空前发展了。

表 6 - 2　　　1978—1997 年中国居民、企业、政府三部门储蓄份额动态变化

年份	1978	1984	1990	1993
居民部门（%）	9.5	44.8	61.4	62.6
企业部门（%）	30.1	34.2	35.3	35.4
政府部门（%）	60.4	19.9	3.3	2
总储蓄（%）	100	100	100	100

资料来源：1978 年和 1984 年数据摘自彭昱《中国金融结构发展路径的偏好性探究》，《商业研究》2005 年第 18 期。其余各年按财政存款、企业存款和城乡居民储蓄存款数据计算而来。

二是金融系统结构趋向多元化，银行中介功能得以发挥并成为金融系统的核心。作为储蓄向投资转化的载体，银行和非银行金融机构、金融市场都发挥了重要的作用，然而由于经济制度和历史原因，银行尤其是国有银行在资金融通中成为主导，金融市场的融资功能极其有限，如图 6 - 1 显示，在 1993 年，股票融资和企业债融资远远小于国内金融机构发放的各项贷款，充分说明了银行信贷这一间接融资方式是社会资金主要的动员机制。

图 6 - 1　1993 年股票融资、债券融资和金融机构各项贷款规模比较

资料来源：《中国金融统计年鉴》。

三是金融资产开始多样化。随着国民收入的货币化分配，货币成为价值储藏的重要方式，其资产性质得到强化；同时随着金融市场的发展，股票、债券等非货币金融资产纷纷出现。以 1993 年数据看，货币性金融资产总价值为 34879.8 亿元，占金融资产的 90.5%；股票总值为 217.94 亿元，占 0.6%；债券总值为 2483.71 亿元，占 6.4%；保险

保障性金融资产为 952.92 亿元，占 2.5%。金融资产趋于多样化，给投资者带来了除银行存款之外的资产安置途径，货币与非货币金融资产的联系开始形成。

（二）多元金融系统结构的深化：1994 年至今

1993 年，中国确定了建立社会主义市场经济新体制的目标，建立一个与市场经济相适宜的金融系统也就成为迫切的需要。为此，1994年以来，金融系统的改革开放力度加强，进一步实现了金融机构的多元化，推进了金融市场的多层次化和融资多渠道化。近年来，金融业综合经营和金融创新还在一定程度上推进了金融各行业的融合，确立了以银行为主体的金融中介与资本市场协同发展的金融系统结构演进新路径。金融系统在构成要素上的内容更加丰富，要素间的关联也在融合中复杂化，金融各项功能得到极大发展，已成为经济系统中的核心资源，可以说中国金融正日益发展为一个复杂的巨系统。

1. 多元金融机构系统的结构深化

1994 年以来的金融机构改革，促进了多元金融机构系统的结构深化，形成了中央银行、监管机构、银行和非银行金融机构共同发展的金融机构系统（见图 6-2），其中银行业金融机构继续在金融系统中发挥着主导功能，而各类非银行金融机构也在推动经济发展上作出了重要贡献。

中央银行、监管机构的改革。1995 年通过的《中国人民银行法》以法律形式确立了中国人民银行的中央银行地位，并在 1999 年对其分支机构的设置进行了按经济区划的机构改革，以提高中央银行的独立性和货币政策的效力。1992 年将证券业监管职能从中央银行中剥离出来，成立了证监会；1998 年，将保险业监管职能剥离出来，成立了保监会；2003 年，剥离了银行业监管职能，成立了银监会，从而确立了与金融业分业经营相适宜的分业监管格局。

银行业金融机构的发展。银行业金融机构主要包括大型商业银行和中小商业银行，大型商业银行是由原国有专业银行实行商业化改革和股份制改造而来，包括原来的四大国有专业银行和交通银行；中小商业银行包括城市商业银行、股份制中小商业银行、邮政储蓄银行和各种农村银行业金融机构。1994 年开始，在政府推进下，国家专业银行打破专

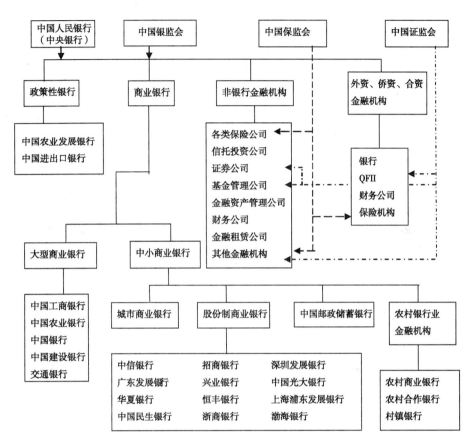

图 6 - 2　中国金融机构系统构成

业分工的界限，并按市场化原则向商业银行转化，进而在 2003 年启动了国有商业银行的股份制改造。改制后的中国建设银行、中国银行、中国工商银行于 2005 年以来相继发行 A 股和 H 股，成功上市，中国农业银行也于 2010 年上市。随着国有专业银行改制的深化，四大银行的"专业"色彩越来越少，已演变为综合类的商业银行，而交通银行作为中国第一家全国性的国有股份制商业银行也得到发展壮大，这五家商业银行从性质和资产规模上都属于国有控股的大型商业银行，简称为"大型商业银行"。城市商业银行是在原城市信用社的基础上，通过合并和商业化改革组建起来的，直接为地方经济发展提供资金融通和金融服务。近年来，随着竞争的加剧，城市商业银行通过上市、引进国内外战略投资者、跨区经营、联合重组等方式，扩大了资本，扩张了资产，在业务上得到较快的发展。股份制中小银行在资产总额上远小于五大银行，但他们的存在和发展以及在中国银行业中引入竞争机制，带动了银行业整体绩效的提高，尤其是在满足中小企业和居民融资和储蓄业务上发挥了重要的作用。邮政储蓄银行是在邮政储蓄的基础上组建的，开展以邮政网络为依托的市场化经营，为城市社区和广大农村地区居民提供基础金融服务。农村银行业金融机构主要包括农村商业银行、合作银行和村镇银行，截至 2012 年年底，全国共有农村商业银行 337 家，农村合作银行 147 家。

此外，随着金融的进一步开放，外资银行得到更大的发展。1994 年以来银行业对外开放的步伐加快，尤其是在加入世贸组织后，取消了对外资金融机构在华外汇业务服务对象的限制，开放了人民币业务。截至 2011 年，在华外资银行的资产总额为 2.15 万亿元，占中国银行业金融机构总资产的 1.93%。截至 2012 年年底，共有来自 49 个国家和地区的银行在华设立了 42 家法人、95 家分行和 197 家代表处，包括外资银行支行在内的营业网点已达到 900 家。

非银行金融机构的发展。首先，证券公司和基金管理公司得到很大的发展，在非银行金融机构中的地位不断上升。由表 6 - 3 的数据看，自 1998 年以来，证券公司和基金管理公司的数量基本上是平稳增长的。其次，保险业在这一时期也得到快速发展。1995 年，《中华人民共和国保险法》颁布，为中国保险业的发展以及保险机构的改革确定了基本规则，之后中国国有保险公司进入改制阶段，2003 年中国人保、中国人寿和中国再保险三家国有保险公司成功完成股份制改革。此外，自 1996 年以来，股份制全国保险公司和区域性保险公司纷纷成立，推动了保险竞争格局的形成，保险类金融机构空前繁荣。截至 2011 年年底，我国共有保险公司 152 家，职工人数达 77 万多人，保险公司资产总额达 6320 亿元。再次，信托业在整顿的基础上开始步入规范化发展。1998 年，在对信托业深入整顿的基础上，彻底实现了信托业与银行业、证券业的分业经营，全国范围内的信托公司只保留了资产质量优良、经营管理规范的 60 家左右。2001 年颁布的《信托法》、《信托投资公司管理办法》，以及 2002 年实施的《信托投资公司资金信托业务管理暂行办法》使得信托业地位和具体的业务范围得到法律上的确定，信托机构开始了规范化信托业务的全面发展。2007 年银监会发布实施新的《信托公司管理办法》和《信托公司集合资金信托计划管理办法》，明确了信托公司专业理财机构的功能定位。截至 2012 年 6 月，信托业管理信托资产已发展到 5.54 万亿元，较 2006 年增长 14 倍，受托规模、盈利能力显著提高。最后，其他非银行金融机构，如金融租赁公司、财务公司等也随着融资需求多样化而相继出现或得到发展。截至 2006 年年底，中国已有四家国有金融资产管理公司，70 家企业集团财务公司，6 家金融租赁公司，1 家货币经纪公司，7 家汽车金融公司。

表 6 - 3　　　　　　　　中国证券公司和基金管理公司发展状况

年份 项目	1998	2000	2001	2002	2003	2004	2005	2006	2008	2010	2012
证券公司数	90	100	109	127	133	133	133	116	107	106	114
基金管理公司数	6	10	15	21	34	45	53	58	61	63	77

资料来源：1998—2008 年数据来源于《中国证券期货统计年鉴》，2010—2012 年数据来源于中国证监会网站和中国证券业协会网站。

2. 多层次金融市场系统的建立和发展

经过多年的发展，这一时期已经形成了一个由货币市场、债券市场、股票市场、外汇市场、黄金市场和期货市场等构成的，具有交易场所多层次、交易品种多样化和交易机制多元化的金融市场系统，在资源配置中发挥了重要的功能，成为资金运行的舞台。

货币市场进一步层次化。1996 年 1 月 3 日，全国统一的同业拆借市场网络系统开通运行，1996 年 5 月开放了各期限档次的同业拆借市场利率，参与者逐年增加。目前同业拆借市场的参与者主要包括银行、证券公司、保险公司、财务公司、农村信用社、城市信用社和其他金融机构，2012 年年底同业拆借市场累计成交量超过 46.7 万亿元。1995 年《中华人民共和国票据法》正式颁布实施以后，票据市场重新启动并得到快速发展，到 2008 年年底，累计签发商业汇票 7.1 万亿元，累计办理贴现 13.5 万亿元。我国自 1997 年 6 月开办银行间债券市场以来，回购和现券市场已经成为我国货币市场上最主要、最活跃的市场，也是中央银行公开市场操作的主要场所；2012 年债券回购交易量累计达 141.7

万亿元，现券交易累计达 75.2 万亿元。

表 6 – 4 1994 年以来金融市场发展中的重要事件

时间	市场类型	重 要 事 项
1996 年 1 月	货币市场	全国银行间同业拆借市场正式运行
1996 年 6 月		放开同业拆借利率，由市场决定
1995 年		《中华人民共和国票据法》正式颁布，奠定商业信用票据化和票据市场规范发展的法律基础
1998 年 3 月		建立银行间债券市场
1998 年	证券市场	债券发行采取市场化的招标方式
2002 年		证监会颁布《合格境外投资者境内投资管理暂行办法》，我国正式实行 QFII 制度，标志资本市场开始有条件地对外开放
2004 年		深交所中小企业版正式启动
2005 年		启动股权分置改革，为资本市场持续发展奠定了制度基础
2007 年		公司债发行试点，拉开公司债券市场发展的序幕
2009 年		创业板正式启动
2010 年		证券融资融券业务试点和股指期货推出，丰富证券交易方式，完善市场功能，加强了资本市场基础性制度建设
2012 年		针对新股发行中的各种弊端和上而不退的投机市，提出了新股发行进一步完善和退市制度建立的改革
2002 年	黄金市场	上海黄金交易所正式开业
1994 年	外汇市场	建立了全国统一的银行间外汇市场，外汇的公开市场操作开始实施
2005 年		人民币汇率实行"一揽子"货币调节，人民币汇率市场化迈出了重要的步伐
2010 年		重启人民币汇率形成机制改革，坚持以市场供求为基础，参考一揽子货币进行调节。继续按照已公布的外汇市场汇率浮动区间，对人民币汇率浮动进行动态管理和调节
2005 年	金融衍生产品市场	债券远期交易正式上线
2006 年		人民币利率互换交易试点，中国金融期货交易所成立
2010 年		股指期货推出

　　资本市场多层结构的稳步推进。首先，股票市场在规模扩张中丰富了结构。1994 年以后，新生的股票市场在政策引导下不断发展，2012 年较之 1994 年，不仅市值增长了 60 多倍，投资者数量也增长了近 14 倍。在规模扩张的同时，市场制度、市场层次和交易方式也得到了改进。从制度改进来说，1999 年《证券法》改变了证券发行制

度，从原先的审批制改为核准制，弱化了证券发行的行政色彩，推进了证券发行制度的市场化；2005 年，推进了股权分置改革，优化了我国股票价值评估体系，为完善上市公司法人治理结构、提高上市公司业绩和促进股票市场的持续发展奠定了制度基础。2012 年，对证券发行制度和退市制度的改革，进一步促进了证券市场制度的改进，尤其是退市制度的建立，为退市机制的有效实施奠定了制度基础，有利于证券市场真正发挥优胜劣汰的资源配置功能。从市场层次来说，2004 年，中小企业板在深交所正式启动；2009 年 10 月 30 日创业板正式开板，二板市场正成为主板市场的重要补充。从交易方式来说，2010 年证券融资融券业务试点和股指期货推出，丰富证券交易方式，完善市场功能，对于改变中国股市"单边市"状况起到良好的作用。其次，债券市场规模和结构也发生改变。1994 年以来，债券市场规模迅速扩大，以债券发行量来说，2012 年发行量约为 1994 年的 37 倍。与此同时，债券市场在结构上得到一定的优化。发行市场的结构优化表现在发行主体和发行方式有所改变，1996 年国债发行方式实现了由承购包销向公开招标的全方位过渡，初步建立了市场化发行的模式；2004 年开始允许商业银行、证券公司、保险公司等金融机构利用发行债券来筹集资金，扩大了债券市场的发行主体。债券流通市场的结构优化主要表现在层次的丰富上，随着 1991 年证券交易所和 1997 年银行间债券市场成立，国债有了银行间债券市场、交易所市场和银行柜台市场三个流通市场。最后，证券投资基金市场的出现进一步增加了资本市场的层次。1997 年国务院颁布了《证券投资基金管理暂行办法》，为证券投资基金的发展建立了法律基础，1998 年，以基金开元和基金金泰两只封闭式基金的成功发行为标志，我国证券投资基金的发展正式拉开序幕。2004 年实施的《中华人民共和国证券投资基金法》以法律形式确立了证券投资基金在资本市场中的地位，这更是促进了基金数量和规模的发展。截至 2012 年，我国已经有 1173 只证券投资基金，基金规模达到 29966.97 亿份。此外，2002 年正式实行 QFII 制度，允许合格境外投资者通过专门账户投资境内证券市场，这标志中国金融市场步入对外开放的快速发展阶段，使得国内金融经济与世界金融经济的联系日益密切，金融和经济的发展受国际环境的影响进一步加大。

表6-5　　　1994年以来股票市场、债券市场和基金市场发展的有关数据

年份	股票市场发展状况		债券市场发展状况	基金市场发展状况
	股票市价总值 （亿元）	投资者开户数 （万户）	债券发行总额 （亿元）	证券投资基金规模 （亿份）
1994	3690.61	1107.76	2075.3	—
1996	9842	2422.08	3172.3	—
1998	19505.7	4259.88	5906.9	100
2000	48090.9	6154.53	6385	560
2002	38329.1	7202.16	9334.3	1330.36
2004	37055.6	7215.74	12259.6	3308.79
2006	89403.9	7849.27	21901.6	6220.69
2008	121366.4	15198.01	29079	25741.25
2010	265422.6	18858.28	51000	25200.75
2012	230357.6	17000	80000	29966.97

资料来源：《中国证券市场统计年鉴》、《中国统计公告》、《基金年度报告》、中国证监会网站、中国债券信息网和锐思数据库。

其他金融市场的发展。在1994年外汇管理体制改革中，银行间外汇市场正式启动运营，标志着全国统一的外汇市场形成。之后在交易种类和交易制度上不断推新，2005年，外汇交易的品种增加到8种，并增加了外币间买卖业务和远期外汇交易业务；2006年1月，全面引入了做市商交易。2002年10月新开办了黄金市场。由中国人民银行牵头组建了上海黄金交易所，2011全年黄金累计成交7438.46吨，成交金额近2.8万亿元，黄金期货成交近1200万手，成交金额近4.5万亿元。应该说目前我国原生性的金融市场种类基本齐全，但衍生金融工具市场欠缺。为发展金融市场层次，化解金融市场风险，近年我国也在衍生金融工具市场推进上做了一定的努力。2005年债券远期交易正式上线；2006年人民币利率互换交易试点并在该年成立了中国金融期货交易所；2012年推出了股指期货，这些为未来金融衍生工具市场的发展奠定了制度基础。

3. 当前金融系统结构演进的新趋势——市场与机构的融合

金融市场与金融中介的关系是金融系统结构的核心内容，在发达国

家金融系统结构演进的现阶段，管制放松和混业经营已成为一种大的趋势，这带来了金融市场和金融中介的关系在竞争中的不断融合，这也正是复杂金融系统在结构上的显著特征之一。虽然我国90年代以来就确立了分业经营的金融业发展格局，但近年来，随着金融系统开放度的不断加大，金融系统结构演进不可避免地受到了发达国家的影响，中国金融业开始了混业经营的尝试。

1999年中国颁布了《证券公司进入银行间同业市场的规定》、《基金管理公司进入银行间同业市场的规定》，允许符合条件的证券公司和基金管理公司进入银行间同业拆借市场和国债回购市场；此后，监管部门允许证券公司向商业银行申请股票质押贷款，这些表明管理层对分业经营政策开始采取适当放松和调整的态度。2006年3月，"十一五"规划提出稳步推进金融业综合经营试点，管理层对综合经营的态度进一步明确。在政府主导和市场自发力量的共同作用下，综合经营试点得到稳步推进，不仅使得更多的保险公司和银行涉足证券市场筹资和投资，银保合作、银证合作开展的深度和广度得到深化，而且使得一批金融控股公司成为中国混业经营的主要形式（见表6-6）。虽然各金融集团内银行、保险和证券机构之间的联系还不是十分密切，规模优势没得到发挥，但意味我国在混业经营模式探索上迈出了关键的第一步。中国金融混业经营的尝试极大地促进了金融机构和金融市场的融合，这一趋势正成为中国金融系统在结构演进上的新路径。

表6-6　　　　　　　　　中国主要金融控股公司一览

控股公司	银行业务	证券业务	保险业务	信托及其他业务
中信集团	中信实业银行	中信证券、长城基金管理公司	诚信人寿	中国国际信托
光大集团	中国光大银行	光大证券、申银万国	光大永明人寿	—
平安保险	平安银行	平安证券	平安寿险、平安财险	平安信托
中国银行	中国银行	中银国际控股有限公司	中银集团保险有限公司	—
中国工商银行	中国工商银行	西敏证券、工商东亚金融控股有限公司、工银瑞信基金管理有限公司	工银安盛人寿保险	—

续表

控股公司	银行业务	证券业务	保险业务	信托及其他业务
招商银行	招商银行	国通证券、长城证券	—	—
山东电力集团	华夏银行	蔚深证券、湘财证券、鲁能金穗期货经纪公司	—	英大国际信托
海尔集团	青岛银行	—	海纽寿险	海尔财务公司

注：本表主要根据唐旭等《中国金融机构改革：理论、路径与构想》，2008，中国金融出版社和秦立莉《中国大陆金融控股公司发展研究》《经济经纬》2006 年 5 期整理得到。

4. 现阶段多元金融系统的结构特点

经过 1994 年以来的演进，我国金融系统结构进一步多元化和层次化，功能也更加丰富，已经成为经济系统中关键性的子系统。总的来说，当前多元金融系统的结构具有以下特点：

一是金融系统规模空前壮大，成为一个巨系统。多层次的金融市场和多元的金融机构使得金融系统规模空前壮大，2012 年金融资产总额为 1532466 亿元，为 1994 年的 29 倍；金融资产总额与 GDP 的比值由 1994 年的 1.08 上升为 2.95。随着金融总量的扩张，金融活动渗透到社会经济生活的各个方面，几乎所有的经济单位，包括政府、工商企业、居民和各种金融机构都成为金融活动的参加者，从而使得金融系统达到巨系统的规模，经济已发展到金融经济阶段。

表 6-7　　　1994 年以来金融资产绝对规模和相对规模变化情况

年份	金融资产总值（亿元）	金融资产总值/GDP	年份	金融资产总值（亿元）	金融资产总值/GDP
1994	51982.28	1.08	2004	332958.6	2.08
1996	86655.56	1.22	2006	493701	2.28
1998	126741	1.50	2008	747738.3	2.38
2000	178186.2	1.80	2010	1217853	3.03
2002	238271.6	1.98	2012	1532466	2.95

注：金融资产总量包括货币与非货币金融资产，货币按 M2 计算，非货币金融资产包括证券类金融资产（其中股票按流通股市值计算、债券按中央登记公司年末托管债券余额的市值计算、证券投资基金按年末总份额净值计算）、保险类金融资产（包括保险公司资产年末值和社保基金年末余额）。

二是金融系统结构趋向复杂化。金融系统的复杂结构不仅表现在多元化的金融机构、层次化的金融市场和金融机构与金融市场的融合趋势上，还表现在金融资产多样化、融资机制多渠道、金融市场的价格形成机制的市场化和金融系统对外开放等方面，这些都使得各金融要素之间的联系日益密切，关系日益复杂。

以 2012 年年底数据看，我国金融资产主要包括货币性金融资产、证券类金融资产和保险保障性资产，其中货币性金融资产总额为 974148.8 亿元，占金融资产总额的 63.6%；证券类金融资产占比为 29.3%，其中股票 181658.3 亿元，占金融总资产的 11.9%，债券 240429.5 亿元，占金融总资产的 15.7%，证券投资基金 26906.48 亿元，占金融总资产的 1.8%；保险保障性资产总额为 109322.6 亿元，占比达 7.1%。与 1993 年相比，不仅各种金融资产总量增加了，品种增多了，而且货币性金融资产占总资产的比例下降了近 27%，证券类金融资产增加了 22.3%，保险保障性金融资产增加了 4.6%，这说明金融资产进一步多元化。

1994 年以来，融资机制日益多元化。表 6－8 提供了中国企业 1994—2010 年间接融资和直接融资规模和比例，可以看出虽然间接融资一直是企业融资的主渠道，但直接融资的比重近年来上升很快，由 1994 年的 1.1% 上升为 2010 年的 22.4%，直接融资已成为企业外源资金的重要来源。表 6－9 提供了中国居民资金融出结构，可以看出银行存款一直是居民储蓄的主要方式，其比重在 1994 年高达 92.1%，但近年有所下降，自 2002 年以来基本保持在 79%—78%（2008 年这一占比高达 82% 以上，这一异常调整主要因为次贷危机的影响，资本市场价格大幅下滑，人们又将其储蓄集中在较为保险的银行存款上）；保险资产在居民储蓄中一开始呈现上升趋势，占比由 1994 年的 0.8% 上升到 2004 年的 17.8%，但在 2004 年后逐年下降，2010 年下降到 10%；证券资产在居民储蓄中的比重呈不平稳发展，1994—2000 年经历了快速的上升，占比由 7.1% 上升到 22.1%，之后又开始快速大幅的下降，在 2004 年这一占比仅为 2.6%，之后几年也没有大的上升，直到 2010 年才有所改变，占比回升至 11.5%，这与我国证券市场不完善、市场行情不稳定有关，也与国内外宏观经济的波动紧密相关。综合来看，投融资渠道已经多元化，以银行为首的金融机构和资本市场都在资金融通中起到重要的载体作用。

表6-8　　　　　　　　1994年以来非金融企业资金融入结构

年份	间接融资（亿元）a	间接融资占比 a/（a+b）	直接融资（亿元）b	直接融资占比 b/（a+b）
1994	8802.85	98.9	94.63	1.1
1996	15041.26	97.5	380.8	2.5
1998	10148.50	92	876.82	8
2000	9317.77	80.9	2199.69	19.1
2002	14486	91.2	1286.7	8.2
2004	17707.6	89.8	2013.7	10.2
2006	26403	83.9	5080	16.1
2008	42092	82.8	8733	17.2
2010	64263.7	77.6	18532.9	22.4

注：间接融资额以企业贷款代表，直接融资额用企业证券筹资代表。

资料来源：中华人民共和国统计局网站，非金融企业资金流量表。

表6-9　　　　　　　　我国住户资金融出结构

年份	存款（亿元）a	证券（亿元）b	保险准备金（亿元）c	存款占比 a/（a+b+c）	证券占比 b/（a+b+c）	保险准备金占比 c/（a+b+c）
1994	6169.86	473.25	56.47	92.1	7.1	0.8
1996	8515.24	1566.07	127.28	83.4	15.3	1.3
1998	9257.12	2179.27	298.26	78.9	18.6	2.5
2000	6609.86	2223.35	1247.04	65.6	22.1	12.3
2002	14251.7	1514.8	2543.1	77.8	8.3	13.9
2004	15678.2	511.1	3515.8	79.6	2.6	17.8
2006	21284.0	1083.0	4365.0	79.6	4.1	16.3
2008	46543.0	1748.0	8084.0	82.6	3.1	14.3
2010	44491.5	6498.5	5638.1	78.6	11.5	10

资料来源：中华人民共和国统计局网站，住户部门资金流量表。

　　金融市场的价格形成机制不断向市场化转变。目前我国金融市场的两个基本价格——利率和汇率正在由政府主导向市场定价转变。20世纪80年代开始，国家把市场机制引入外汇分配领域，促成外汇调剂市场的形成，从而开始了汇率形成机制的渐进变革；1994年实施外汇管理体制改革，实现了汇率并轨，建立了全国统一的外汇市场；2005 年 7 月，又将人民币汇率改为以市场供求为基础、参考一揽子货币进行调节、有管理的浮动汇率制度，进一步推动了汇率形成机制的市场化。2010 年，重启人民币汇率形成机制改革，进一步推进人民币汇率形成机制改革，4 月 16 日，中国人民银行宣布，银行间即期外汇市场人民币兑美元交易价浮动幅度由 5‰扩大至 1%，外汇指定银行为客户提供当日美元最高现汇卖出价与最低现汇买入价之差不得超过当日汇率中间价的幅度由 1%扩大至 2%，人民币汇率弹性进一步增强。随着货币市场的起步，利率市场化改革也开始跟进，1994 年之后利率市场化进程加快，逐步放开了同业拆借利率、债券回购和现券交易利率、贴现和转贴现利率、政策性金融债券发行利率、国债招标发行利率、城乡信用社贷款利率、外币存贷款利率等，形成了货币市场利率的市场化机制，同时中央银行也逐步扩大了金融机构存贷款利率的浮动范围。利率市场化不断深化，使得中国的利率水平和利率结构逐步趋于合理，金融机构自主定价能力提高。

三是银行主导的金融中介与资本市场协同发展逐渐成为金融系统结构演进的新轨迹特点。表 6 - 10 提供了 1994 年以来的金融中介化比率与金融市场化比率，可以看出中国金融中介化比率一直高于市场化比率，金融机构在系统中仍居于主导地位，但市场化比率的增长趋势也表明资本市场的重要性日益显现，对银行主导的金融系统结构演进轨迹形成了一定的冲击。同时金融业综合经营的推进，使得金融机构与资本市场协同发展正在成为中国金融系统结构演进的新路径。

表 6 - 10　　　　　1994 年以来金融中介化比率与金融市场化比率

年份	金融中介化比率	金融市场化比率	年份	金融中介化比率	金融市场化比率
1994	0.97	0.08	2004	1.59	0.33
1996	1.07	0.12	2006	1.64	0.40
1998	1.24	0.23	2008	1.58	0.45
2000	1.36	0.38	2010	1.81	0.99
2002	1.54	0.36	2012	1.88	0.81

说明：金融中介化比率 = M2/GDP，作为金融中介的相对重要性指标；

金融市场化比率 =（股票流通股市值 + 债券余额）/GDP，作为金融市场相对重要性指标。

四是金融系统功能强化。多元金融机构和多层金融市场的发展，使得金融整体功能强化，尤其是在基础性的服务功能和主导功能上作用突出。各种商业银行的壮大和信息技术应用面的提高，使得商业银行结算支付成本下降、效率提高；银行金融机构和资本市场的发展使得融资途径多样化，间接融资和直接融资在沟通居民储蓄与企业投资中扮演了重要的角色，金融日益成为经济中基础性的资源，对其他资源发挥着越来越重要的配置作用。在金融服务和储蓄投资转化功能强化的过程中，其他衍生功能，如风险管理、企业治理、信息处理等也初步显现。

第二节　中国金融系统结构演进的特点和发展前景

综观新中国金融系统从无到有、从简单结构到复杂多元的结构演进历史，不难看出系统环境、政府推进、路径依赖等在系统结构演进上的决定作用，而这些也决定了中国金融系统将会沿着银行为主导的金融中介与资本市场协同发展的路径演进为更为复杂的巨系统。

一　中国金融系统结构演进的特点

第一，从整体上看，中国金融系统的结构演进取决于其经济、社会等整体环境的变迁。一般来说，系统结构的演进是由其面临的环境决定的，中国在社会制度和经济发展道路上的选择决定了其金融系统的结构演进由单一走向复杂多元。1952 年开始建立的高度集中的计划管理体制，决定了以大一统银行为核心的金融系统是必然的选择，因为这一系统结构保证了中央计划控制的效力，在集中资金支持重点建设项目方面有突出的优越性。但随着改革开放，计划经济体制开始向市场经济体制转变，单一结构的金融系统也就失去了其存在的环境基础，国家在金融发展上采取了多种措施以建立与市场经济相适宜的金融系统，改变了金融系统结构发展轨迹，由单一结构向多元结构演进。

第二，金融系统结构在演进中具有严重的银行主导的路径依赖。路径依赖是任何一个系统结构演进中都存在的现象。这一现象在金融系统结构演进中不仅存在，而且它对一国金融系统结构演进具有重要的影响。经济学家一般认为，由于在经济社会发展理念、法制基础等方面的差异，导致西方发达金融系统结构演进轨迹显现为以英美为代表的金融市场主导型和以德日为代表的金融中介主导型两种不同的类型。但随着金融进入复杂巨系统阶段，由于金融管制放松和金融创新的冲击，各国金融发展都已打破既有的路径依赖，日益走向机构与市场在竞争中融合的协调发展道路。在我国金融系统演进中的路径依赖问题更是突出，新中国成立之后，在对原有的金融要素进行改造整合的基础上，建立了以大一统银行为核心的金融系统，中国人民银行垄断了金融领域。1979年改革开放后到90年代初期，金融系统的变革也主要围绕银行类金融机构的重建来开展，银行尤其是四大国有银行在金融系统中具有绝对的垄断地位。1994年以来的金融改革，促进了金融系统的机构多元化、市场层次化、业务综合化、金融开放化，从而使得国有银行垄断格局有所改变，出现了银行主导的金融中介和资本市场协同发展的演进迹象，但由于资本市场还很不完善，至少在现阶段难以取代银行金融机构在融资机制中的主导地位。

第三，新中国金融系统结构演进中人为设计痕迹明显，政府在金融系统结构演进中扮演了至关重要的角色。在金融发展中，市场内在需求的引致和政府的推进是任何一国金融系统结构演进的两大动力。市场经济是西方发达国家现代金融系统建立的经济基础，所以在其结构演进中主要依靠市场竞争的力量，金融系统发展路径在很大程度上是由投融资者的现实需求决定的，由实体经济和金融系统参与者的现实需求和潜在需求决定的。当然政府在金融系统结构演进中也起到十分重要的作用，但主要表现在根据经济和金融发展的内在需求，改变陈旧而不合时宜的金融规制，以推动金融系统结构顺应经济需求的变革，政府的介入并非金融系统演进路径的决定者。与西方国家不同的是，在我国现代金融复杂系统的建立和发展过程中，政府始终是金融系统结构演进的主导者。我国现代金融系统是在落后而复杂的经济制度基础上创建的，客观上要求政府在金融系统的结构演进中起主导作用。所以新中国成立之后，在政府的主导下对旧有的金融系统各构成要素进行了改革，以适应当时新中国经济发展的需要，无论是以大一统银行为核心的金融系统建立还是金融系统的多元转型，都是在政府自上而下的推进下实现的。所以说，在中国现代金融系统结构演进的各个阶段和各个方面都带有浓厚的政府设计的痕迹，这种人为设计重于市场需求的金融结构演进模式，从某种程度上来说也是我国经济发展和渐进式改革道路选择的必然，它便利了政府在经济发展中能有效地筹集资金、进行经济增长计划的实施、保证一些重点建设项目或重点改革措施的推进，但由于忽视了市场需求的内在要求，金融创新远远落后于西方国家，这也就不可避免地造成了当前金融系统在结构和功能上远落后于发达金融系统。

二　中国金融系统结构演进前景分析

中国金融系统在结构演进上的特点决定了银行主导的金融中介与资本市场协同发展是其未来演进的前景。

其一，经济系统的市场化、开放化发展决定了金融系统结构的市场化、开放化发展趋势。以金融系统结构发展的国际经验来看，复杂金融系统的结构演进都呈现出打破既有的路径依赖，融资市场化、机构同质化、工具的多元化、金融机构和金融市场在竞争中的融合化成为重要的发展趋势。自改革开放以来，中国已经逐步融入世界经济的大家族，与其他国家在经济和金融上的依存和影响关系越来越重要，这决定了中国金融系统结构越来越受到其他国家的影响。中国30多年来的经济体制改革一直在学习西方市场经济的成功经验，多元复杂金融系统结构的构建也是在不断效仿西方发达金融系统，所以经济和金融系统的未来发展还将越来越受到发达金融系统的影响。随着中国市场化经济建设的不断深入，金融开放度不断加大，中国金融系统结构的未来发展的大方向必然是向西方发达国家金融系统不断靠近和融合，即通过金融创新和加大开放来打破既有的路径依赖，增进各种金融要素量和质的提升，银行的综合化经营取代分业经营，金融市场的重要性将会日益提高，竞争与互补成为金融市场和金融中介发展的主题，金融全球化的发展还会带来更大的金融开放。

其二，金融系统结构演进的路径依赖决定了银行主导的金融结构模式会在长期中影响中国金融的发展方向。自改革开放以来，中国金融系统打破了单一银行一统天下的格局，逐步演进为一个复杂结构的巨系统。尤其是在90年代以来，金融市场和直接融资得到快速的发展，金融活动的市场化程度得到极大的提高，金融市场在金融系统中的角色越来越重要，间接融资和银行的重要性正在下降。但融资的银行依赖性仍然是中国现阶段金融系统突出的结构特点和问题，这意味银行主导的金融结构演进路径依赖还会在长时间内影响金融系统结构演进的进程，这也是中国渐进式改革的必然。

其三，政府市场意识提高和宏观调控的需要也将继续推动金融系统朝市场化、多元化轨迹演进。政府一直在中国现代金融系统结构演进中扮演着总设计师的角色，与我国渐进式经济体制转轨相适宜，多元复杂金融系统结构的建立和完善是在政府主导下逐步演进的。相对于经济体制的市场化程度而言，中国金融系统的市场化程度较低，这在某种程度上可以说是政府这位改革总设计师的一种暂时性谋略。随着经济市场化程度的提高，政府职能将会由经济金融资源配置领域退出并还原为规则制定者与秩序保护者的角色，政府市场意识的逐步提高和宏观调控的市场化手段不断完善，国家最终会放弃对金融的直接数量和价格的控制，推动金融中介和资本市场的充分市场化，并不断通过制度建设为金融中介与金融市场的良性互动发展创造外部市场环境。

其四，金融活动参加者通过其适应性行为，将在金融系统结构演进中发挥越来越重要的诱导作用。居民和企业是金融系统的需求创造者，金融机构则是金融系统中金融产品和服务的主要供给者。西方复杂金融系统的结构演进主要是在居民、企业的金融需求的诱导下，通过金融机构适应性的金融创新活动而实现的。中国金融系统的市场化演进虽然主要是由政府人为设计和引导的，但也和居民、企业这些微观经济单位的金融需求的多样化发展，以及银行等金融机构在安全性、流动性和营利性的内在需求激励下的创新行为有关。尤其是随着国家在金融系统演进中主导角色的淡化，金融需求诱导的金融创新将对中国金融系统的结构演进产生决定性影响。从金融需求的多样发展来说，只有具备多元竞争的金融机构，多层有效的金融市场，多样灵活的金融工具的金融系统才能使之得到满足；从金融机构的创新能力来说，只有市场化经营，充分竞争的多元金融机构才能不断根据市场需求的变化，在具体的金融环境中进行适应性的创新。所以，金融活动参加者的适应性行为，是现阶段中国金融系统出现银行为主的金融中介和资本市场协同发展趋势的根本原因，也是中国金融系统在未来沿着这一趋势发展的内在推动力。

　　所以，在未来一段时间中，中国金融系统在结构演进上会进一步依托资本市场的发展，积极培育和发展非银行金融中介，走以银行为主体的金融中介与资本市场协同发展的模式。在这个发展过程中，对于金融中介而言，银行融资的主导地位仍将在较长时期内继续维持，但金融中介发展及其结构将会有所变化，非银行金融中介的快速崛起和金融各业的综合化经营，会带来机构的同质化和竞争的加剧。对于资本市场而言，市场多元层次的构建仍是未来一段时间资本市场发展的主题，主要体现在主板市场与创业板市场、场内交易市场与场外交易市场、基础性工具市场与衍生工具市场相互联动关系的逐步形成，促使产业资本与金融资本相混合，进而推动产业结构升级。中国金融系统结构未来演进，不仅会提高金融效率和功能，还将带来货币传导机制的完善和国家宏观调控力的提高。

第七章

中国金融系统结构演进中货币传导机制的历史沿革

新中国成立后，随着中国金融系统由单一结构演进为多元复杂结构，带来了货币政策传导机制的巨大变化。本章主要从历史视角，分析中国金融系统结构演进对货币政策传导机制的影响。

第一节　中国货币政策运用的整体状况

一　单一结构金融系统时期的货币政策实践

1952—1983 年，中国金融系统处于资产单一、组织单一、管理高度行政化的结构状态，这决定了货币信贷的调控主要就在于控制国家银行的信贷，即中国人民银行的贷款，控制住了中国人民银行的信贷总量，就基本上控制了全国的信用总量。所以这一时期，国家颁布了各种信贷政策作为主要的货币政策手段，通过直接的信贷规模管理来实现对宏观经济的调控。

具体来说，在大一统的银行体制形成后，中国于 1953 年建立了集中统一的综合信贷计划管理体制，中国人民银行则按照信贷计划确定并执行贷款规模。1953—1979 年，我国实行的信贷资金管理体制是"统存统贷"或称"统收统支"的高度集权的信贷资金管理体制，即全国的信贷资金，不论是资金来源还是资金运用，都由中国人民银行总行统一掌握。实行"统存统贷"的管理办法，银行信贷计划纳入国家经济计划，成为国家管理经济的重要手段，为大规模的经济建设进行全面的金融监督和服务。1979—1984 年，随着全面的经济改革的开展，中国实行了"差额包干"的信贷资金管理体制,即"统一计划、分级管理、存贷挂钩、差额包干"。运用计划和市场两个手段来分配贷款,将银行的存款和贷款联系起来,允许银行调剂各种不同项目的流动资金贷款指标,从而使各级银行获得了较大的资金管理权力,调动了地方积极性。但是,这一方法仍是建立在对资金的无偿调拨基础上的。

1953—1979年和1979—1984年的信贷资金管体制在内容上虽有一定的差异,但人民银行的信贷政策都是国家实现信用调控的直接和主要手段,其最终目标是发展经济、稳定物价。实际上此时的人民银行只是一个国家经济计划的执行部门,并不能独立地根据经济金融形势来制定和执行货币政策,所以这一时期的货币信贷政策严格来说不是真正意义上的货币政策,具有明显的从属性和计划性。

二　多元金融系统结构初建时期的货币政策实践

1984年人民银行的中央银行地位确立,负责制定和执行货币政策、实施金融宏观调控,我国开始了真正意义上的货币政策实践。伴随着中央银行体制和专业银行体制的建立,我国实行了"实贷实存"的信贷资金管理体制,即"统一计划、划分资金、实贷实存、相互融通",区分了中央银行和专业银行的资金,同时对各专业银行制定了向中央银行缴存存款准备金制度。准备金制度即为"实存实贷"的核心,它使中国人民银行与专业银行之间的无偿资金调拨关系转变为有偿资金借贷关系,各专业银行成为独立的经济单位和自负盈亏的商业性机构。各专业银行需通过吸收存款来筹集所需资金,中国人民银行不再保证银行资金的供给,但人民银行仍对商业银行贷款的方向、结构与规模进行控制。这种"实贷实存"的信贷资金管理体制下的贷款规模行政管理和利率管制,是1984—1993年人民银行货币政策的主要手段。但随着人民银行从存贷业务中分离出来成为真正意义上的中央银行,也开始运用存款准备金率、再贷款(再贴现)利率等货币政策工具调控基础货币,间接调控在货币政策运用中开始发挥作用。所以说,1984—1993年既是我国银行制度变革和金融系统多元结构初建时期,也是货币政策运行方式由直接向间接转变的开端。具体来说,这一时期我国货币政策的运行情况如表7-1所示。

表 7 - 1　　　　　　　　　1985—1992 年中国货币政策概览

货币政策取向	金融经济运行状况
1985 年起实行"实存实贷"信贷管理体制；1985 年紧缩银根：对贷款规模实行指令性管理，不得突破；对专业银行和人民银行的信贷计划、信贷差额、现金投放和回笼计划按季控制；提高利率	年初经济过热，紧缩后当年固定资产投资和物价明显回落，同时 GNP 也回落 4 个多百分点，经济滑坡
1986 年放松银根：取消对专业银行贷款规模的指令性控制；开办再贴现业务	银行贷款增加，农村信用社贷款增加，下半年经济再次升温
1987 年紧缩银根：开办农村信用社特种贷款；提高法定准备率；提高人民银行对专业银行的存贷款利率；大幅度回收中央银行贷款	经济过热得到抑制
1988 年先收紧后放松再严厉紧缩：恢复贷款规模限额管理，按月考核；严格货币发行指令性计划管理和现金管理；对信托公司开办两类特种存款；提高存贷利率；上调法定准备率，建立统一备付金制度；严格再贷款投放，向重点产业、行业倾斜；开办保值储蓄	放松后 1988 年货币、信贷、工业产值、固定资产投资、物价均大幅攀升，出现大面积挤兑储蓄存款，抢购商品风潮，储蓄存款负增长；紧缩后 1989 年社会商品零售总额负增长和经济增长速度大幅下降
1989 年 8 月开始放松银根：加大中央银行贷款投放量；降低存贷利率；中央银行"点贷"，直接注入货币	中央银行再贷款、银行贷款均大大高于 GDP 增长和经济增速，1991 年走出谷底，但市场需求疲软态势一直持续到 1992 年
1992 年宏观政策趋松	放松后，货币、信贷、物价、GDP 均大幅增加，金融泡沫显现

三　多元金融系统结构深化时期的货币政策实践

　　1993 年社会主义市场经济体制的建立和金融领域的深化改革，使得经济金融系统结构日趋复杂，无论是货币政策实施主体的中国人民银行，还是作为政策传导载体的金融机构和金融市场都发生了很大的变化，进一步改变了我国货币政策调控的环境和手段。由于 1998 年开始，货币政策由直接调控为主转向间接调控为主，货币政策的运行和传导发生根本变化，所以对多元金融系统结构深化时期的货币政策实践分1994—1997 年和 1998 年至今两个阶段来阐述。

　　（一）1994—1997 年的货币政策

　　1994—1997 年货币政策框架的变化主要表现在：一是政策实施主体人民银行的自主性和独立性提高。1994 年起人民银行停止向财政透支，停办专项贷款；1995 年的《中华人民共和国中国人民银行法》更是从法律上，进一步明确中国人民银行集中掌管货币发行权、基础货币调节权、信用总量调控权和基准利率的调整权，明确了人民银行只对商业银行总行融通资金，弱化了其分支机构在货币传导中的作用。二是对货币、信贷调控方式和微观基础进行调整。1994 年开始，中国信贷资金管理体制改为"总量控制、比例管理、分类指导、市场融通"，全面实行资产负债比例管理改革，金融机构的自我约束能力增强；实行了政策性金融与商业性金融的分离，切断了商业银行倒逼人民银行吞吐基础货币的渠道，提高了人民银行对基础货币的调控能力。1994 年全国统一的外汇市场的建立为外汇市场公开操作奠定市场基础，之后外汇占款逐步成为基础货币投放的主渠道之一；1996 年以来，同业拆借市场和国债市场的发展，为国债公开市场业务货币政策操作开辟了途径，也提高了政策利率和市场利率的关联性，提高了货币市场的一体化，疏通了货币总量市场调控的渠道，提高了货币市场在货币政策传导中的作用。三是重新界定了货币政策目标。多元金融机构系统的发展和多层次金融市场的建立，货币供应的模式进一步间接化，而货币传导的载体也进一步多元化，控制国有商业银行贷款规模不再等于控制住全社会信贷总额，客观上要求以全部金融机构信贷或全社会货币供应量作为货币政策中介目标，为此 1995 年的银行法重新界定了货币政策的目标体系：最终目标是保持币值稳定，并以此促进经济增长；中介目标是货币供应总量、信用总量。之后，随着对货币供应总量指标的统计、监测、调控技术的提高，货币供应总量逐步取代信贷总量成为我国货币政策的中介目标。

随着货币政策框架的变化，法定存款准备金率、中央银行再贷款、再贴现率、公开市场操作等间接调控的作用逐步显现，但这一时期政策的调控方式总体来说是上一时期的延续，以直接的信贷调控和利率调控为主。具体来说，货币政策的运行情况如下：1993 年 7 月，为控制通胀，中央银行实行紧缩银根的政策，限定商业银行的贷款规模，提高了贷款利率。结果使商业银行的贷款规模缩小，货币供应量的增长速度下降，但经济增长率和通胀都居高不下。1994 年和 1995 年，中央银行把治理通胀、保持币值稳定作为宏观调控的首要任务，继续实行适度从紧的货币政策，综合运用信贷规模管理、存款准备金率、中央银行贷款、再贴现等多种货币政策工具调控货币供应量，成效明显。但是，由于货币供应总量增长偏高，通胀的压力依然较大。因此，1996年中央银行仍然推行适度从紧的货币政策，继续控制货币供应量的增长率，尤其是M2的增长，取消了对其他商业银行和城乡信用社的贷款限额控制；建立同业拆借市场，其利率由市场决定，最终使经济"软着陆"，目标基本实现。1997年，中国经济增长虽有所下降，但经济增长仍保持了较好的增长势头，增长率为8.8%；同时，物价进一步回落，零售物价上涨率为0.8%，宏观经济运行出现了"高增长、低通胀"的局面。总之，1993—1997年，中央银行坚持实行适度从紧的货币政策，严格控制货币供应量的增长率，更多地利用经济手段来调节不同层次地货币结构，取得了一定的成效。

（二）1998年以来的货币政策

1997年亚洲金融危机的冲击下，中国在完善现代金融系统结构，建立现代金融秩序等方面采取重大的改革措施，极大提高了金融机构商业化和市场化运作程度。融资机制的市场化，客观上要求取消与市场化资源配置机制不相适宜的信贷计划管理，而且金融市场的发展，金融工具的多样化和金融机构自主权的增强也致使信贷计划和限额管理的政策效力趋于丧失。所以，1998年1月1日，中国人民银行取消了对商业银行的贷款限额控制，改为指导性计划，这意味我国金融宏观调控发生了重大变革，由直接调控转向间接调控，使得货币政策的运行和传导步入间接调控为主的时期。人民银行的宏观调控不再以信贷规模为中介目标和操作目标，而改为调控货币供应量和商业银行的资金头寸；不再依靠贷款限额这一行政手段，而改为综合运用存款准备金、再贷款、再贴现、公开市场业务、窗口指导和利率等政策工具调控基础货币，保持贷款适度增长，避免货币供应过多或不足，维护币值稳定，应对金融危机，促进国民经济快速健康发展。

信贷政策与窗口指导。取消了对商业银行的贷款限额控制后，实行"计划指导、比例管理、自求平衡、间接调控"的信贷资金管理体制，窗口指导成为信贷政策的主要形式和辅助性货币政策手段。中央银行根据国民经济的宏观形势通过窗口指导，对商业银行的一些经营行为进行道义上的劝说和建议，给商业银行贷款自主权。1998年以来，人民银行通过信贷政策和窗口指导，为宏观经济稳定运行做出了努力（见表

7－2），而且无论是 1998—2003 年通货紧缩时期，还是 2003 年至今的通货膨胀时期，这一货币政策工具的运用充分说明信贷政策的指导重点由原来主要重视生产领域开始转向同时重视生产领域与消费领域，由原来的信用总量控制转向引导信贷投向，促进产业、产品结构调整，促进国民经济的持续协调发展和区域经济平衡发展，着重解决经济中的结构问题。

表 7－2   1998 年以来中国人民银行的信贷政策和窗口指导

时间	信贷政策和窗口指导主要内容
1998 年	取消贷款限额控制，实行贷款指导性计划，提高商业银行贷款自主权；增加信贷指标，鼓励商业银行加大信贷投入；支持住房建设和消费，加大对中小企业贷款的支持，提出发放封闭贷款等举措
1999 年	扩大消费信贷，提高农业贷款比重，开展农村消费信贷业务；加大出口信贷支持力度，开办教育储蓄和助学贷款；改进外汇担保贷款机制，扩大人民币贷款需求，制定封闭贷款办法，加大信贷支持非国有经济和中小企业发展力度
2000 年	加强对商业银行信贷资金流向的指导，限制或禁止对落后生产能力和重复建设项目的贷款，以实现国家产业政策目标；鼓励商业银行进行金融业务创新；推进助学贷款和教育储蓄；严控封闭贷款的发放条件，防范风险
2001 年	加大信贷支农力度；支持规范各类消费信贷，防范住房贷款风险和信贷资金违规进入股市；推进助学贷款，改进对中小企业的金融服务，支持出口企业扩大出口
2002 年	引导商业银行贷款流向，支持中小企业发展；增加支农再贷款，改进对农业的信贷支持；发展消费信贷，支持扩大内需
2003 年	加强对商业银行信贷风险提示，加强对房地产信贷管理，控制和化解房地产信贷风险；加强对农业贷款的扶持；发展消费信贷，支持扩大内需
2004 年	积极配合国家产业政策加强对贷款投向的引导；加强对商业银行风险提示，控制对"过热"行业的贷款；引导金融机构对农业、扩大消费、增加就业和助学等方面的贷款支持
2005 年	进一步加强对经济薄弱环节的支持力度，加大对"三农"、非公有制经济和中小企业的信贷投入；引导商业银行前瞻性地应对经济周期和产业变化，加强商业银行资产负债综合管理和存贷款期限匹配管理，提高商业银行风险防范意识
2006 年	继续加大对"三农"、就业、助学、非公有制经济和中小企业的信贷投入；对商业银行贷款过度增长进行风险提示，引导金融机构强化资本约束，提高风险控制能力；加强对贷款结构的调整，严控过度投资行业贷款，加强对房地产信贷的管理
2007 年	提示商业银行关注贷款过快增长可能带来的风向以及银行的资产负债期限错配问题；引导金融机构控制信贷投放的总量和节奏，有保有控的优化信贷结构，并鼓励金融机构积极扩战中间业务，进行金融创新，改进金融服务；加大对"三农"、助学、就业、中小企业、自主创新和节能环保等领域的信贷支持
2008 年	引导金融机构加强信贷调控，有保有压的优化信贷结构；上半年主要增大对三农、灾后恢复重建、小企业、服务业、自主创新和节能环保领域的信贷支持力度；下半年则根据形势的变化，取消了信贷规划的硬约束，在风险可控的前提下，为增加实体经济的有效需求加大放款

续表

时间	信贷政策和窗口指导主要内容
2009 年	引导金融机构加大对中央投资项目的配套贷款投放，做好"家电下乡"、"汽车下乡"等金融配套服务；加大对"三农"、中小企业、西部大开发、节能减排、就业、助学、灾后重建等国民经济重点领域和薄弱环节的信贷支持；严格控制对高耗能、高污染和产能过剩行业盲目发放的贷款。同时，密切监测地方投融资平台贷款可能潜藏的系统性金融风险隐患。督促商业银行合理把握信贷投放进度，正确处理金融支持经济发展与防范风险的关系
2010 年	引导金融机构加大对国家重点产业调整振兴、节能环保、战略性新兴产业、服务业、经济社会薄弱环节、就业、消费、区域经济协调发展、巨灾应对和灾后重建等重点产业、重点领域的金融支持与服务，积极改进和完善涉农和中小企业金融服务。严控对"两高"行业、产能过剩行业以及不符合国家政策规定的地方政府融资平台公司贷款。执行好差别化信贷政策，促进房地产市场健康平稳发展。发挥再贴现促进优化信贷结构、支持扩大"三农"和中小企业融资的引导作用
2011 年	重点开展涉农和中小企业信贷政策导向效果评估，促进涉农信贷政策和中小企业信贷政策有效传导。加大对农田水利建设等水利改革发展的金融支持，全面推进农村金融产品和服务方式创新。引导金融机构多措并举做好小型微型企业金融服务工作。积极支持产业结构升级和经济结构调整，支持战略性新兴产业企业等高新技术企业发展，进一步加大对环保产业、循环经济发展、节能减排、技术改造等方面的信贷支持。积极完善扶持农民工、妇女、大学生村官、残疾人、少数民族等特殊群体创业促就业的小额担保贷
2012 年	引导金融机构继续加大对"三农"、小微企业、节能环保和事关全局、带动性强的重大在建续建项目的支持力度。围绕国家区域政策要求，引导信贷资源合理配置，推动区域经济结构和产业布局优化。加强对科技创新、战略性新兴产业、旅游业、文化产业等经济社会发展重要领域的金融支持。加大对就业、扶贫等"民生"领域的金融支持和服务。继续支持保障性住房、中小套型普通商品住房建设和居民首套自住普通商品房消费

资料来源：中国人民银行 1998—2012 年各季度《中国货币政策执行报告》。

存款准备金率工具。存款准备金率在这一时期货币政策运行中发挥了重要作用。为提高其作为支付、清算和货币总量调控工具的功能，1998 年 3 月我国对准备金制度进行了改革，将备付金存款账户和准备金账户合并，统称为准备金存款，并为治理 1996 年来逐步显现的通货紧缩，将法定存款准备金率由 13% 下调为 8%，同时将原来作为人民银行资金来源的机关团体存款和财政预算外存款改为商业银行资金来源，增加了商业银行的可用资金。1999 年 11 月再次将准备金率由 8% 下调为 6%，增加了商业银行可自行支配的资金。2003 年 8 月 23 日，中国人民银行宣布从 9 月 21 日起法定准备金率由 6% 调高至 7%，以紧缩信贷，控制信贷过快增长。2004 年 3 月 24 日再一次对存款准备金制度进行改革，宣布自 4 月 25 日起，人民银行开始实施差别存款准备金率制度，金融机构资本充足率越低、不良贷款比率越高，适用的准备金率就越高；反之，适用的准备金率就越低，为金融机构提高资本充足率和资产质量奠定基础。并在差别准备金率制度实施之前，为防范通胀，在 4 月 11 日宣布，4 月 25 日起，将 7% 的准备金率提高 0.5% 个百分点，以冲销基础货币的增加。之后，为应对流动性过剩和经济过热，2006—2008 年 6 月，19 次提高了存款准备金率（见表 7 - 3）。2008 年 9 月，为防范美国投资性银行破产引发的金融危机对国内市场的影响，人民银行在 15 日宣布，于 9 月 25 日下调中小金融机构人民币存款准备金率 1 个百分点，这是从 2003 年以来首次调低准备金率。此后，连续三次下调中小金融机构和大型金融机构人民币存款准备金率分别至 13.5% 和 15.5%，有效地扩大了信贷和有效需求，抑制了次贷危机对国内经济的冲击。随着国内经济的好转，通货膨胀压力上升，资产泡沫尤其是地产泡沫也成为经济中凸显的问题，为此，2010—2012 年，实行适度从紧的货币政策，连续 11 次上调人民币存款准备金率，到 2011 年 12 月 5 日前，中小金融机构和大型金融机构准备金率分别达 18% 和 21.5%，为 1998 年以来历史最高水平。为了实现经济的增长，在通胀有所控制的情况下，2012 年 12 月 5 日至今，央行又三次下调了准备金率。虽然在西方发达国家，存款准备金率工具不经常采用并在近年逐步淡出货币政策工具领域，但在金融相对落后的中国，显然这一政策工具还有着不小的操作空间，而且准备金率由单一向差别化发展，有利于公平对待和合理引导不同规模存款类金融机构的发展。

表 7 - 3　　　1998 年以来存款类金融机构人民币法定存款准备金率的调整

调整时间	准备金率	调整时间	准备金率
1998 年 3 月 21 日	由 13% 下调为 8%	2008 年 6 月 15 日	由 16.5% 上调为 17%
1999 年 11 月 21 日	由 8% 下调为 6%	2008 年 6 月 25 日	由 17% 上调为 17.5%
2003 年 9 月 21 日	由 6% 上调为 7%	2008 年 9 月 25 日	中小金融机构由 16.5% 下调为 16%，汶川地震重灾重建地方法人金融机构下调为 14.5%
2004 年 4 月 25 日	由 7% 上调为 7.5%	2008 年 10 月 15 日	中小金融机构由 16.5% 下调为 16%，大型金融机构由 17.5% 下调为 17%
2006 年 7 月 5 日	由 7.5% 上调为 8%	2008 年 12 月 5 日	中小金融机构由 16% 下调为 14%，大型金融机构由 17% 下调为 16%
2006 年 8 月 15 日	由 8% 上调为 8.5%	2008 年 12 月 25 日	中小金融机构由 14% 下调为 13.5%，大型金融机构由 16% 下调为 15.5%

续表

调整时间	准备金率	调整时间	准备金率
2006 年 11 月 15 日	由 8.5% 上调为 9%	2010 年 1 月 18 日	大型金融机构由 15.5% 上调为 16%
2007 年 1 月 15 日	由 9% 上调为 9.5%	2010 年 2 月 25 日	大型金融机构由 16% 上调为 16.5%
2007 年 2 月 25 日	由 9.5% 上调为 10%	2010 年 5 月 10 日	大型金融机构存款准备率由 16.5% 上调为 17%
2007 年 4 月 16 日	由 10% 上调为 10.5%	2010 年 11 月 16 日	中小金融机构由 13.5% 上调为 14%，大型金融机构由 16.5% 上调为 17%
2007 年 5 月 15 日	由 10.5% 上调为 11%	2010 年 11 月 29 日	中小金融机构由 14% 上调为 14.5%，大型金融机构由 17.5% 上调为 18%
2007 年 6 月 5 日	由 11% 上调为 11.5%	2010 年 12 月 20 日	中小金融机构由 14.5% 上调为 15%，大型金融机构由 18% 上调为 18.5%
2007 年 8 月 15 日	由 11.5% 上调为 12%	2011 年 1 月 20 日	中小金融机构由 15% 上调为 15.5%，大型金融机构由 18.5% 上调为 19%
2007 年 9 月 25 日	由 12% 上调为 12.5%	2011 年 2 月 24 日	中小金融机构由 15.5% 上调为 16%，大型金融机构由 19% 上调为 19.5%
2007 年 10 月 25 日	由 12.5% 上调为 13%	2011 年 3 月 25 日	中小金融机构由 16% 上调为 16.5%，大型金融机构由 19.5% 上调为 20%
2007 年 11 月 26 日	由 13% 上调为 13.5%	2011 年 4 月 21 日	中小金融机构由 16.5% 上调为 17%，大型金融机构由 20% 上调为 20.5%
2007 年 12 月 25 日	由 13.5% 上调为 14.5%	2011 年 5 月 18 日	中小金融机构由 17% 上调为 17.5%，大型金融机构由 20.5% 上调为 21%
2008 年 1 月 25 日	由 14.5% 上调为 15%	2011 年 6 月 20 日	中小金融机构由 17.5% 上调为 18%，大型金融机构由 21% 上调为 21.5%
2008 年 3 月 25 日	由 15% 上调为 15.5%	2011 年 12 月 5 日	中小金融机构由 18% 下调为 17.5%，大型金融机构由 21.5% 下调为 21%
2008 年 4 月 25 日	由 15.5% 上调为 16%	2012 年 2 月 24 日	中小金融机构由 17.5% 下调为 17%，大型金融机构由 21% 下调为 20.5%
2008 年 5 月 20 日	由 16% 上调为 16.5%	2012 年 5 月 18 日	中小金融机构由 17% 下调为 16.5%，大型金融机构由 20.5% 下调为 20%

资料来源：中国人民银行网站。

公开市场操作。随着货币市场和货币工具的发展，公开市场操作的市场基础不断完善，1998 年 1 月取消贷款规模管理后，1998 年 5 月 26 日，人民银行恢复了以发行央行票据、回购交易和现券交易为主的公开市场业务操作，在银行间债券市场快速发展的基础上，公开市场操作迅速扩大。公开市场业务的日常工作由人民银行公开市场业务操作室负责，操作工具是国债、中央银行融资券和政策性金融债，交易主体是国债一级交易商。表 7-4 的数据显示，公开市场业务操作已成为当前基础货币投放的主要渠道之一，是人民银行日常货币管理的主要工具；同时也显示出，公开市场操作作为市场化的货币政策工具，在近年的货币政策操作中充分体现了其主动性、灵活性、时效性和公平性的特点，对调控基础货币供应发挥了重要作用，尤其是在加强商业银行头寸管理，引导市场利率方面意义重大。

表 7 - 4　　　　　　　1998 年以来中央银行的公开市场操作　　　　　单位：亿元

年份	投放基础货币	回笼基础货币	净投放基础货币
1998	1761.66	1065.32	696.34
1999	7076.01	5168.73	1907.28
2000	4469.75	5292.41	- 822.66
2001	8252.69	8528.73	- 276.04
2002	1801.61	2819.85	- 1018.23
2003	10492.00	13186.00	- 2694.00
2004	19971.00	13281.00	- 6690.00
2005	22076.00	35924.00	- 13848.00
2006	63997.70	73105.70	- 9108.00
2007	57600.00	54300.00	3300.00
2008	60918.00	76000.00	- 15082.00
2009	84072.00	82000.00	2072.00
2010	68040.00	63000.00	7060.00
2011	61460.00	39000.00	22460.00
2012	88820.00	64840.00	23980.00

　　数据来源：1998—2005 年数据来源于陆前进等《中国货币政策传导机制研究》，立信会计出版社 2006 年版；2006—2012 年数据根据人民银行网站 2006—2012 年各年《货币政策执行报告》和各年各期公开市场业务交易公告计算得来，其中公开市场操作回笼基础货币量＝中央银行票据发行量＋正回购量＋卖断现券量＋逆回购到期量，投放基础货币量＝中央银行票据兑付量＋逆回购量＋买断现券量＋正回购到期量。

　　利率工具。随着我国利率市场化改革的启动和深化，利率调整逐年频繁，调控方式更为灵活，调控机制日趋完善，作为货币政策工具的重要组成部分利率工具的运用得到了加强，对这一时期的宏观调控发挥了重要作用。目前，中国人民银行采用的利率工具主要有：（1）调整中央银行基准利率，包括再贷款利率、再贴现利率、存款准备金利率、超额存款准备金利率；（2）调整金融机构法定存贷款利率；（3）制定金融机构存贷款利率的浮动范围；（4）制定相关政策对各类利率结构和档次进行调整等。1998年以来，中央银行对这项工具的运用情况详见表7-5、表7-6和表7-7。表7-5和表7-6显示，1998—2002年，为缓解通货紧缩，中央银行不断提高中央银行基准利率和金融机构存贷款基准利率；而在2003年为防范和治理通货膨胀、流动性过剩等宏观经济问题，则采取相反的措施，不断提高中央银行基准利率和金融机构存贷款基准利率。2008年9月，这一政策工具操作方向顺应全球金融经济形势的变化而逆转以应对日益严峻的经济金融危机，2008年9月到2010年10月，下调了中央银行基准率，连续下调金融机构存贷款基准利率5次，对刺激国内消费和投资起到了积极的作用。在危机的冲击得到有效的抑制而国内通胀势头再上升的情况下，2010年国家再一次调整利率工具的方向，下调央行基准利率，连续7次下调了金融机构存贷款基准利率。表7-7显示，金融机构存贷款利率浮动范围在不断扩大，商业银行获得了越来越多的存贷款利率自主定价权，市场机制在利率政策调控中的作用力度在加大。

表7-5　　　　　　　　1998年以来中央银行基准利率调整情况

调整时间	法定存款准备金利率	超额存款金准备利率	对金融机构贷款利率				再贴现利率
			1年	6个月	3个月	20天	
1998年3月21日	5.22	—	7.92	7.02	6.84	6.39	6.03
1998年7月4日	3.51	—	5.67	5.58	5.49	5.22	4.32
1998年12月7日	3.24	—	5.13	5.04	4.86	4.59	3.96
1999年6月10日	2.07	—	3.78	3.69	3.51	3.24	2.16
2001年9月11日	—						2.97
2002年2月21日	1.89	—	3.24	3.15	2.97	2.70	2.97
2003年12月21日	—	1.62					
2004年3月25日	—	—	3.87	3.78	3.60	3.33	3.24
2005年3月17日	0.99	—					
2008年1月1日	—		4.68	4.59	4.41	4.14	4.32
2008年11月27日	1.62	0.72	3.60	3.51	3.33	3.06	2.97
2008年12月23日			3.33	3.24	3.06	2.79	1.80
2010年12月26日			3.85	3.75	3.55	3.25	2.25

资料来源：中国人民银行网站（www.pbc.gov.cn）。

表 7 - 6   **1998 年以来金融机构存贷款基准利率调整情况**

调整时间	金融机构人民币贷款基准利率					金融机构人民币存款基准利率						
	6个月内	6个月—1年	1—3年	3—5年	5年以上	活期存款	定期存款					
							3个月	半年	1年	2年	3年	5年
1998 年 3 月 25 日	7.02	7.92	9.00	9.72	10.35	1.71	2.88	4.14	5.22	5.58	6.21	6.66
1998 年 7 月 1 日	6.57	6.93	7.11	7.65	8.01	1.44	2.79	3.96	4.77	4.86	4.95	5.22
1998 年 12 月 7 日	6.12	6.39	6.66	7.20	7.56	1.44	2.79	3.33	3.78	3.96	4.14	4.50
1999 年 6 月 10 日	5.58	5.85	5.94	6.03	6.21	0.99	1.98	2.16	2.25	2.43	2.70	2.88
2002 年 2 月 21 日	5.04	5.31	5.49	5.58	5.76	0.72	1.71	1.89	1.98	2.25	2.52	2.79
2004 年 10 月 29 日	5.22	5.58	5.76	5.85	6.12	0.72	1.71	2.07	2.25	2.70	3.24	3.60
2006 年 4 月 28 日	5.40	5.85	6.03	6.12	6.39							
2006 年 8 月 19 日	5.58	6.12	6.30	6.48	6.84	0.72	1.80	2.25	2.52	3.06	3.69	4.14
2007 年 3 月 18 日	5.67	6.39	6.57	6.75	7.11	0.72	1.98	2.43	2.79	3.33	3.96	4.41
2007 年 5 月 19 日	5.85	6.57	6.75	6.93	7.20	0.72	2.07	2.61	3.06	3.69	4.41	4.95
2007 年 7 月 21 日	6.03	6.84	7.02	7.20	7.38	0.81	2.34	2.88	3.33	3.96	4.68	5.22
2007 年 8 月 22 日	6.21	7.02	7.20	7.38	7.56	0.81	2.61	3.15	3.60	4.23	4.95	5.49
2007 年 9 月 15 日	6.48	7.29	7.47	7.65	7.83	0.81	2.88	3.42	3.87	4.50	5.22	5.76
2007 年 12 月 21 日	6.37	7.47	7.56	7.74	7.83	0.72	3.33	3.78	4.14	4.68	5.40	5.85
2008 年 9 月 16 日	6.21	7.20	7.29	7.56	7.74							
2008 年 10 月 9 日	6.12	6.93	7.02	7.29	7.47	0.72	3.15	3.51	3.87	4.41	5.13	5.58
2008 年 10 月 30 日	6.03	6.66	6.75	7.02	7.20	0.72	2.88	3.24	3.60	4.14	4.77	5.13
2008 年 11 月 27 日	5.04	5.58	5.67	5.94	6.12	0.36	1.98	2.25	2.52	3.06	3.60	3.87
2008 年 12 月 23 日	4.86	5.31	5.40	5.76	5.94	0.36	1.71	1.98	2.25	2.79	3.33	3.60

续表

调整时间	金融机构人民币贷款基准利率					金融机构人民币存款基准利率						
	6个月内	6个月—1年	1—3年	3—5年	5年以上	活期存款	定期存款					
							3个月	半年	1年	2年	3年	5年
2010年10月20日	5.10	5.56	5.60	5.96	6.14	0.36	1.91	2.2	2.5	3.25	3.85	4.2
2010年12月26日	5.35	5.81	5.85	6.22	6.40	0.36	2.25	2.50	2.75	3.55	4.15	4.55
2011年2月9日	5.60	6.06	6.10	6.45	6.60	0.40	2.60	2.80	3.00	3.90	4.50	5.00
2011年4月6日	5.85	6.31	6.40	6.65	6.80	0.50	2.85	3.05	3.25	4.15	4.75	5.25
2011年7月7日	6.10	6.56	6.65	6.90	7.05	0.50	3.10	3.30	3.50	4.40	5.00	5.50
2012年6月8日	5.58	6.31	6.40	6.65	6.80	0.40	2.85	3.05	3.25	4.10	4.65	5.1
2012年7月5日	5.60	6.00	6.15	6.40	6.55	0.35	2.6	2.8	3.00	3.75	4.25	4.75

资料来源：中国人民银行网站（www.pbc.gov.cn）。

表7－7　　　　　1998年以来金融机构存贷款利率的浮动范围情况

时间	金融机构人民币存贷款利率浮动范围
1998年	将金融机构对小企业的贷款利率浮动幅度由10%扩大到20%，农村信用社的贷款利率最高上浮幅度由40%扩大到50%
1999年	允许县以下金融机构贷款利率最高可上浮30%，将对小企业贷款利率的最高可上浮30%的规定扩大到所有中型企业
2002年	扩大农村信用社利率改革试点范围，进一步扩大农村信用社利率浮动幅度
2004年1月1日	扩大利率浮动区间：商业银行、城市信用社贷款利率浮动区间扩大到［0.9，1.7］，农村信用社贷款利率浮动区间扩大到［0.9，2］，贷款利率浮动区间不再根据企业所有制性质、规模大小分别制定。扩大商业银行自主定价权，企业贷款利率最高上浮幅度扩大到70%，下浮幅度保持10%不变
2004年10月29日	人民银行宣布彻底放开贷款利率的上限，城乡信用社贷款利率最高上浮系数为贷款基准利率的2.3倍，贷款利率下限仍为基准利率的0.9倍，并首次允许存款利率下浮
2005年3月17日	将商业银行个人住房贷款利率纳入正常贷款利率管理，将现行的住房贷款优惠利率回归到同等贷款利率水平，实行下限管理，下限利率水平为相应期限档次贷款基准利率的0.9倍，商业银行法人可根据具体情况自主确定利率水平和内部定价规则
2012年6月8日	将金融机构存款利率浮动区间的上限调整为基准利率的1.1倍，将金融机构贷款利率浮动区间的下限调整为基准利率的0.8倍

资料来源：中国人民银行网站（www.pbc.gov.cn）。

第三节　金融系统结构演进对货币传导机制的影响

综观新中国货币政策实践历程，可以看出金融系统结构的演进深刻地影响了货币传导机制，使得货币传导机制在作用方式、管理目标系统和组织系统、传导渠道方面发生了的重大变迁，这些变化总结在表7－8中。

表7－8　　中国金融系统结构演进对货币传导机制的影响汇总

金融系统结构演进时期	货币政策调控方式	货币政策目标系统			货币政策传导渠道
		政策工具	中介目标	最终目标	
单一结构时期（1952—1983）	直接调控	信贷计划	贷款规模	经济增长、物价稳定	直接信贷渠道
多元结构初建阶段（1984—1993）	直接调控为主、间接调控为辅	信贷计划、利率管制、再贷款法定存款准备率与外汇市场公开市场业务等间接调控手段	贷款规模、货币供应量	经济增长、物价稳定	直接信贷渠道、管制利率渠道、资产价格渠道
多元金融系统结构深化阶段　1994｜1997					
多元金融系统结构深化阶段　1998年至今	间接调控为主、直接调控为辅	再贴现、法定存款准备金率、公开市场操作、信贷政策与窗口指导、利率管制	货币供应量	经济增长、物价稳定	间接信贷渠道、管制利率渠道、货币市场利率渠道、资产价格渠道

一　货币传导机制在作用方式上的转变

随着金融系统结构由单一向多元的转型，一方面改变了货币供应的机制，使得直接信贷调控在货币政策运行中越来越难以发挥作用；另一方面也不断完善了间接调控所要求的金融机构与金融市场环境，为货币政策传导的调控方式由直接转向间接奠定了基础性条件。具体来说，中国货币政策传导的调控方式经历了直接调控阶段（1952—1983年）、直接调控为主向间接调控为主的过渡阶段（1984—1997年），以及间接调控为主的阶段（1998年以后）三个阶段。

（一）直接调控阶段

1952—1983 年，金融系统处于高度行政划管理的"大一统"银行结构下，这决定了国家通过制定信贷计划，由中国人民银行和它的分支机构负责执行信贷计划，就可以有效地控制企业的信贷资金，所以这种以信贷规模为内容的直接数量调控是单一金融系统时期货币政策传导的调控方式。为此，称这一时期为货币政策传导的直接调控阶段。

（二）过渡阶段

1984—1993 年，随着金融系统结构的多元转型，国家开始在货币政策中运用间接调控的方式；1994—1997 年，金融系统结构进一步复杂多元化，与此相适宜，国家适时调整了货币政策实施的框架，存款准备金率、中央银行再贷款、公开市场业务等间接调控手段正逐步在货币政策运用中发挥着越来越重要的作用，商业银行和金融市场在货币传导中成为不可或缺的部分，货币政策传导的调控方式越来越间接。但由于国有专业银行的企业化运作机制尚未健全，金融市场的发展还极其有限，间接调控手段的作用效果还很有限。总体来说，1984—1997 年，货币政策传导的作用方式仍主要依靠行政性的信贷计划和利率管制。所以把这一时期称为货币政策传导由直接调控为主向间接调控为主的过渡阶段（简称过渡阶段）。

（三）间接调控阶段

90 年代中后期，金融发展为一个复杂巨系统，日益成为经济发展的主导力量，一方面削弱了直接信贷调控手段的效果，另一方面也为政策传导利用市场化手段间接调控货币信贷提供了金融环境基础。1998 年 1 月 1 日开始，中国金融宏观调控由直接调控为主转向间接调控为主，货币政策传导的作用方式发生了根本性变化。市场化运作的三大货币政策工具——公开市场业务、再贴现政策、存款准备金率政策成为中国间接调控的主要手段，货币市场成为货币政策传导的第一步。而信贷政策作为窗口指导的具体形式，成为辅助性货币政策手段。此外由于利率未完全市场化，管制利率仍是一种直接调控的政策手段。货币政策传导的运作过程主要表现为中央银行通过再贷款和再贴现、公开市场业务操作、法定准备金率、信贷政策与窗口指导等货币政策工具调整金融机构的头寸（商业银行的储备），金融机构头寸的变动进而影响货币供给，最终传递到实体经济，间接调控成为货币政策传导的主要实现方式，所以称1998年至今为间接调控为主的阶段（简称为间接调控阶段）。

二 货币政策传导的管理目标系统和组织系统的变迁

在金融系统结构演进的不同时期，金融系统的组分和各组分之间的关联机制不同，这也使得货币政策传导的管理目标系统和组织系统发生了相应的变迁。

（一）直接调控阶段的管理目标系统与组织系统

直接调控阶段，货币政策传导以直接调控信贷规模的方式实现，政策传导的管理目标系统也就是由政策手段直接到最终目标的，政策手段与中间目标合二为一，都是信贷规模；从货币政策对实际经济发挥作用的组织系统来看，由于金融系统中没有商业银行和金融市场，政策传导也不以商业银行和金融市场为载体，是由人民银行总行下达指令，人民银行分支机构具体执行，分配信贷给企业，即直接由政策实施主体作用于政策作用的客体，两者之间不存在政策传导的中间载体。

图7-1　直接调控时期的货币传导机制：管理目标系统与组织系统

（二）过渡阶段的管理目标系统与组织系统

过渡阶段，多元金融系统结构的转型使得货币政策传导的执行过程和作用方式不再仅仅以直接调控一种形式实现，而是以直接调控为主、间接调控为辅来实现的，这决定了货币政策管理目标系统并存着两条：一是直接数量调控中通过贷款规模手段直接作用于稳定货币、经济增长的最终目标；二是间接调控和价格调控中，通过再贴现利率、法定存款准备金率，公开市场操作等间接手段，以及金融机构存贷款基准利率等管制利率的调整，作用于中介目标（信贷规模和货币供应量），最终实现稳定货币、经济增长等目标。这一时期金融系统结构特点和政策传导的调控方式，决定了第一条是主导的目标系统，第二条居于辅助地位，但随着金融系统结构的多元演进，第二条目标系统的地位越来越重要。从货币政策组织系统看，人民银行分支机构的作用在弱化，而银行金融机构成为最主要的货币政策传导载体，政策意图要通过其媒介作用而影响到企业、居民等微观经济单位。

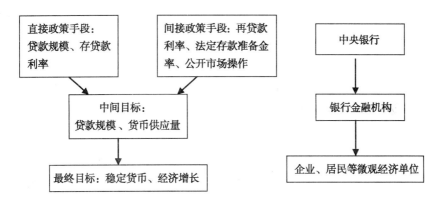

图 7 - 2　过渡时期的货币传导机制：管理目标系统和组织系统

（三）间接调控阶段的管理目标系统与组织系统

间接调控阶段，货币政策传导的调控方式发生了根本性变化，间接调控成为主要的实现形式，金融市场在政策传导中的载体作用也凸显出来，使得货币政策传导机制的组织系统和管理目标系统发生了极大的变化。直接的信贷规模管理不再是货币政策调控的方式，反映在目标系统中也就是贷款规模不再是主要的政策工具，也不再是中介目标。具体来说，货币政策的管理目标系统为：中央银行通过三大政策工具以及窗口指导等间接调控手段和银行存贷款利率这一直接价格调控手段，作用于货币供应量这一中介目标，最终实现经济增长和货币稳定等目标。调控方式的进一步间接化是以货币市场发展为基础的，货币市场成为货币政策组织系统中的重要成员，具体来说货币政策的组织系统表现为：中央银行通过政策操作，引起货币市场条件的变化而影响金融机构、资本市场，以金融机构和资本市场为载体，最终作用于企业、居民等微观经济单位。

三　货币政策传导渠道的变化

金融系统结构的变迁，丰富了货币传导机制的途径，改变了各渠道

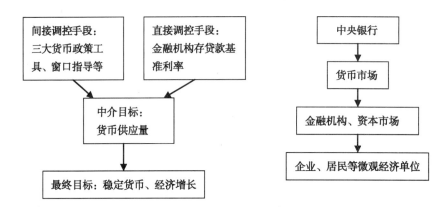

图7-3 间接调控时期货币政策传导机制：管理目标系统和组织系统

传导的效应。

（一）直接调控阶段的传导渠道

直接调控阶段，货币政策传导的具体渠道显然仅为直接调控机制下的银行贷款渠道，但这一渠道和西方货币信贷传导机制理论所描绘的银行贷款渠道并不完全相同。西方银行贷款传导机制理论是建立在市场经济条件和多元金融系统结构下的货币传导机制理论，它的存在以金融市场不完善为必要的结构基础，它的传导以间接调控来实现。具体来说，当信贷市场是不完善的，中央银行可以通过货币市场的操作，改变货币市场条件来引导商业银行信贷供给行为的变化，并进而影响投资、消费和总产出。而中国直接信贷调控下的银行贷款渠道是信贷市场根本不存在的金融环境中，国家通过计划方式，直接控制银行贷款规模来实行信贷配给，所以二者在作用机理和方式上存在根本的不同。但是与西方银行贷款渠道一样，中国的直接信贷传导机制也是建立在企业外源融资存在银行依赖性和中央银行能直接影响银行贷款供给行为两个前提基础上的。由于这一时期没有金融市场和商业信用，没有货币外的金融资产，人民银行垄断了金融，银行信贷资金成为国有企业除财政拨款外唯一的外源融资途径，企业对银行信贷资金存在较高的依赖性。再加上人民银行实际上只是政府计划管理的补充机构，国家信贷政策可以直接影响银行信贷供给，所以在计划经济和大一统银行为核心内容的单一金融系统结构下，货币政策天然就是通过银行贷款渠道来传导的。

（二）过渡阶段的传导渠道

过渡阶段，货币市场的发展和金融机构的多元化，带来了货币政策传导渠道开始呈现多样化趋势，主要存在三条传导渠道，即银行贷款渠道、管制利率渠道和股票价格渠道。

金融系统在结构上的银行主导的特点，决定了银行贷款渠道是货币传导的主渠道。但较之上一阶段，银行贷款渠道的作用过程有所变化。国有专业银行（或国有商业银行）成为信贷政策传导的媒介，但贷款规模仍是行政性指令，所以信贷渠道的机理还和前一阶段相同。

管制利率渠道表现为人民银行通过规定并调整金融机构存贷款基准利率，进而影响企业投资和居民消费，带动产出和物价目标的实现。与西方利率渠道一样，管制利率渠道也强调利率在货币传导中的关键作用，但对利率的调控方式存在本质区别。西方利率渠道中，中央银行对利率的调节是通过间接方式来实现的，是建立在发达的金融市场基础上的，中央银行通过货币市场的操作影响短期利率，并通过利率期限结构将政策意图传递到长期利率。而这一时期我国的利率传导机制是在金融市场缺失或发展严重不足的情况下，通过直接对金融机构存贷款利率进行管制来实现的。为与西方利率渠道相区别，这里对这一渠道冠之以管制利率渠道的称呼。

此外，值得一提的是，在 90 年代初期，股票场内市场的创建和发展，为货币政策通过股票价格的传导开辟了市场基础。当然由于股票市场刚刚起步，无论是货币政策的股价调控能力还是股价与产出、物价的关联机制都还十分微弱，这决定了这一渠道还不能真正发挥传导效应。

（三）间接调控阶段的传导渠道

间接调控阶段，金融系统结构逐步迈向复杂巨系统，货币政策的传导也基本实现了以间接调控为主的多元渠道传导。具体来说，货币传导的渠道主要可分为：间接信贷调控机制下的银行贷款渠道、管制利率渠道、货币市场利率渠道和资产价格渠道。

银行主导的金融结构模式、金融市场的低层次发展、金融创新的严重不足、银行业的国家控股银行的高度垄断格局，为银行贷款渠道的主途径地位奠定了金融系统结构基础。但需要指出的是，这一时期国家放弃了对信贷规模的直接管制，货币调控方式的转为间接手段为主，所以银行贷款渠道开始与西方货币理论的银行贷款渠道靠拢。

由于利率还未完全市场化，国家在这一时期对金融机构存贷款利率的直接管制还是货币政策的重要手段。同时，随着货币市场的发展和货币市场利率的市场化定价机制的建立，国家间接调控的政策操作，越来越显著影响到货币市场利率，进而也对产出和物价起到一定的调控作用，符合西方理论的利率传导机制正在逐步形成。但由于利率管制的存在，使得货币市场利率与银行存贷款利率之间还未形成有效的联结机制，所以货币市场利率和管制利率在货币政策传导中可以说是各自为伍地向实体经济传导着政策意图，所以这里将我国这一时期的利率渠道归纳为管制利率渠道和货币市场利率渠道两条。

资本市场和直接融资的快速发展是这一时期金融系统复杂结构演进的重要表现，这一结构变迁对货币传导机制产生了深刻的影响，股票等金融资产价格在货币传导中的载体作用得到显现，股票价格渠道成为货币政策传导的重要途径。但资本市场和直接融资的规模还远滞后于银行信贷和间接融资，而且资本市场存在的结构和制度问题也需要较长的时间来解决，所以资产价格渠道还不可能成为货币传导的主渠道。

第四节　小结

通过对新中国金融系统不同结构发展阶段的货币政策实践和其传导机制变迁的分析，可以较为清晰地看到金融系统结构的演进对中国货币传导机制的变迁起着决定性的作用。

第一，中国金融系统由简单到复杂的结构演进，尤其是金融机构运作的市场化和金融市场的构建和发展，决定了货币政策传导的调控方式由直接转向间接，决定了货币政策目标系统和组织系统的链条拉长，决定了货币传导渠道由单一银行贷款渠道转向了银行贷款、利率、资产价格等多元渠道。

第二，中国金融系统结构演进上的银行金融机构主导的路径依赖决定了银行贷款渠道是新中国成立以来中国货币政策发挥作用的主渠道。同时多元金融机构系统取代了单一银行体制，间接的信贷调控取代了直接的信贷调控，决定了银行贷款渠道作用机理越来越符合西方现代银行贷款渠道。

　　第三，虽然利率未完全市场化，但中央银行已将利率政策作为货币调控的重要内容，银行存贷利率已经成为货币传导的重要内容。而随着货币市场成为货币政策运行的第一步，货币市场利率也在货币传导中发挥了一定的作用。随着金融市场中市场化定价机制的不断完善，利率渠道必然会成为货币政策传导的主要渠道。

　　第四，现阶段中国金融系统正沿着银行主导的金融中介与资本市场协同发展的新路径演进为结构更复杂的金融巨系统，资本市场在货币政策中的重要性初步显现。未来随着资本市场内容的丰富、功能的强化，股票等金融资产的价格必将在我国货币传导机制中发挥更为重要的作用，金融资产价格会逐步成为传导货币政策的主要金融变量。

　　第五，虽然随着金融系统从单一结构向多元结构的转型，中国金融系统的对外开放程度提高了，国际经济环境对国内经济、金融的影响度提高了，但由于人民币外汇汇率的定价机制市场化程度较低，中国外汇管制也仍然很严，再加上利率管制的存在，汇率渠道发挥作用的金融系统结构基础不存在。

　　中国金融系统结构的巨大变化，已经带来了货币传导机制的重大变迁，随着金融系统继续朝着复杂结构演进，货币传导机制还会不断发生变化。所以只有在对中国金融系统结构演进及未来发展趋势的正确认识基础上，才能正确分析货币传导机制的效应，才能合理运用和设计货币政策的各个环节。

第八章

中国金融系统结构演进中银行
贷款渠道效应的实证分析

前一章基于历史视角，对货币传导机制在金融系统结构演进过程中的变迁进行了分析。为进一步论证货币传导机制的变迁，还有必要在金融系统结构演进和货币政策传导机制变迁的各时期和各阶段划分基础上，对货币政策传导效应进行实证分析。本章主要对银行贷款渠道效应进行实证，利率渠道效应和股票价格渠道效应的实证分析分别安排在第九章和第十章。

第一节　研究思路

一　相关研究

第四章的理论分析揭示出银行贷款渠道要发挥作用，取决于一国金融系统中银行金融中介是否具有其他金融组织不可替代的融资媒介作用。西方学者通常认为在以银行为主导的金融系统中，这一渠道是货币政策发挥作用的重要途径；但在以资本市场为主导的金融系统中，这一渠道可能不存在或效应极弱。鉴于中国金融系统发展的状况，国内许多学者认为这一渠道是中国货币政策传导的主要渠道。如周英章、蒋振声运用协整与格兰杰因果检验等时间序列分析方法，对1993—2001年的货币政策传导机制进行了实证分析，结果表明中国的货币政策是通过信贷渠道和货币渠道的共同传导发挥作用的，其中信用渠道占主导地位；蒋瑛琨、刘艳武、赵振全运用协整检验、向量自回归等方法对1992年第一季度至2004年第二季度期间的货币政策传导机制进行实证分析，结论是信贷渠道更为重要。索彦峰、于波采用脉冲响应函数、方差分解等方法对 1994 年第第一季度至 2006 年第二季度的货币渠道与信贷渠道有效性进行了实证研究，得到信贷渠道相对于货币渠道更为有效的结论。还有一些学者从我国当前金融系统结构特点出发，得出我国货币政策传导应是以信贷渠道为主。

二　研究思路

根据第七章金融系统结构演进和货币政策传导机制的历史沿革，中国金融系统结构演进中具有的银行金融机构主导的路径依赖，决定了银行贷款渠道是货币政策传导的主渠道。但随着中国金融系统由单一结构向多元结构的演进，这一渠道也发生了一定的变化。首先，在单一结构的金融系统时期，银行贷款渠道是货币政策影响实际经济的唯一渠道，而在多元结构金融系统时期，它不再是唯一渠道；其次，随着金融系统多元结构的发展，银行贷款渠道作用的方式由直接转为间接，商业银行在传导中的作用越来越为重要。这些变化也必然影响到银行贷款渠道的效应，为此本章对这一渠道效应的实证分两个部分进行：一是以 1984 年为界，选择合适的政策变量和宏观经济变量，通过双变量分析和基于多变量组成的 VAR 系统的脉冲响应函数和方差分解方法，来比较分析单一结构和多元结构金融系统时期银行贷款渠道的效应。二是以 1998 年为界，通过双变量分析和基于多变量组成的 VAR 系统的脉冲响应函数，对多元结构金融系统时期中，货币政策调控方式的过渡阶段和间接调控阶段银行贷款渠道的效应进行比较。

第二节　单一结构和多元结构金融系统时期
银行贷款渠道效应的比较分析

一　数据说明和处理

由于 1984 年前的相关数据几乎没有季度和月度数据的统计，所以这里对单一结构的金融系统时期（1952—1983 年）和多元结构转型金融系统时期（1984—2012 年）的实证检验均采用年度数据来进行，数据主要来源于中国人民银行、中国统计局网站和锐思数据库。所采用的数据分为两类：

一是代表货币政策的变量，选取国内金融机构贷款总额（LOAN，下简称贷款总额）作为货币政策变量，同时它也是银行贷款渠道的代表变量。

二是代表宏观经济状况的变量，由于我国货币政策的最终目标主要是经济增长和币值稳定，所以选取产出水平（以实际国内生产总值 RGDP 表示，RGDP 是根据居民消费物价指数调整后得到的实际值）和物价水平（以居民消费物价的定基比指数 CPI 表示，1950 年 = 100）作为宏观经济状况的代表变量。

所有数据均进行了对数处理，分别用 RGDP1、CPI1、LOAN1 和 RGDP2、CPI2、LOAN2 表示两个时期的贷款总额、物价水平和产出水平。为检验变量时间序列的平稳性及其整合级次，对两时期数据进行 ADF 检验，基于有效检验力和模型精简的原则，采用 AIC 与 SC 准则来确定模型的最大滞后阶数，检验结果见表 8 - 1。

表 8 - 1 变量 ADF 检验结果

变量	ADF 检验值（C，T，P）	5%临界值	变量	ADF 检验值（C，T，P）	5%临界值
RGDP1	- 2. 9592（C，T，2）	- 3. 5731	iCPI1	- 4. 3312（C，0，1）	- 2. 9665
LOAD1	- 3. 5062（C，T，3）	- 3. 5796	iRGDP2	- 2. 4787（C，0，2）	- 2. 9850
CPI1	- 2. 3876（C，T，1）	- 3. 5670	iLOAD2	- 2. 8717（C，0，1）	- 2. 9798
RGDP2	- 2. 7960（C，T，3）	- 3. 6027	iCPI2	- 2. 9262（C，0，1）	- 2. 9798
LOAD2	- 1. 9797（C，T，1）	- 3. 5867	iiRGDP2	- 4. 5395（0，0，1）	- 1. 9552
CPI2	- 1. 7007（C，T，2）	- 3. 5943	iiLOAD2	- 5. 7367（0，0，1）	- 1. 9552
iRGDP1	- 3. 4017（0，0，1）	- 1. 9530	iiCPI2	- 5. 2654（0，0，1）	- 1. 9552
iLOAD1	- 3. 9632（C，0，1）	- 2. 9665	—	—	—

注：i 表示一阶差分，ii 表示二阶差分；检验形式（C，T，P）中的 C、T 及 P 分别表示单位根检验方程包括常数项、时间趋势和滞后阶数，0 表示不包含。

由表 8 - 1 可知，LOAN1、RGDP1、CPI1 均具有单位根，为非平稳时间序列，经一阶差分后均拒绝单根的原假设，所以 LOAN1、CPI1、RGDP1 均为 I（1）序列；LOAN2、CPI2、RGDP2 的水平值及一阶差分值均具有单位根，说明其水平值及一阶差分值均为非平稳时间序列，二阶差分后均拒绝单根的原假设，所以 LOAN2、RGDP2、CPI2 均为 I（2）序列。

二　双变量协整检验

变量平稳性检验证实贷款总额、产出、物价分别在 1952—1983 年，以及 1984—2008 年具有相同的整合级数，可以采用 Johansen 的协整分析法对两时期贷款总额与产出，以及贷款总额与物价进行双变量协整检验，结果如表 8 - 2 所示。

表 8 - 2　　　　　双变量协整关系检验结果（滞后阶 = 2）①

检验变量	特征值	轨迹统计值	5% 的显著性水平	原假设 H_0
RGDP1，LOAN1	0.4546 0.1241	21.4229 3.8421	12.53 3.84	None At most 1
CPI1，LOAN1	0.2677 0.1239	12.8719 3.8360	12.53 3.84	None At most 1
RGDP2，LOAN2	0.3022 0.2055	15.3356 5.9805	12.53 3.84	None At most 1
CPI2，LOAN2	0.4408 0.0606	16.7393 1.6254	12.53 3.84	None At most 1

表 8 - 2 显示，LOAN1 与 RGDP1 之间、LOAN2 与 RGDP2 之间存在二个协整关系；而 LOAN1 与 CPI1 之间、LOAN2 与 CPI2 之间存在一个协整关系。表明无论是金融系统处于单一结构还是多元转型时期，贷款总额与产出，以及贷款总额与物价之间都存在长期稳定的协整关系，是相互依存的。初步证实了在金融系统结构演进的两个时期，货币政策可以通过银行贷款渠道影响产出和物价。

三　脉冲响应函数与方差分解分析

为建立 RGDP、CPI、LOAN 三元时间序列变量组成的 VAR 系统，通过脉冲响应函数和方差分解进一步分析两个时期银行贷款对产出和物价的动态影响效应，先对 RGDP、CPI 、LOAN 进行 Johansen 多变量协

---

① 协整检验滞后阶的均选择 2 阶，是综合考虑了 AIC 与 SC 准则，以及为保持各组变量检验结果可比性的需要。

整检验，结果如表 8－3 所示。

表 8－3　两个时期 RGDP、CPI 、LOAN 之间协整关系检验结果（滞后期 = 2）

检验变量	特征值	轨迹统计值	5% 的显著性水平	原假设 H_0
RGDP1，CPI1，LOAN1	0.6134 0.3350	42.8565 15.2983	42.44 25.32	None At most 1
RGDP2，CPI2，LOAN2	0.5628 0.3744	34.0494 12.5391	24.31 12.53	None At most 1

由表 8－3 可知，RGDP1、CPI1 和 LOAN1 之间具有一个协整关系，RGDP2、CPI2 和 LOAN2 之间具有二个协整关系。表明在两个时期，银行贷款、产出、物价三变量之间均存在长期稳定的均衡关系，可以建立 VAR 系统，进行脉冲响应函数和方差分解分析。VAR 的一般形式为：

$$Y_t = A（L）Y_{t-1} + \varepsilon_t$$

Y_t 表示系统内生变量的向量组。单一结构金融系统时期的 VAR 系统中，$Y_t = [LOAN1 t, PGDP1t, CPI1t]$；多元结构金融系统时期的 VAR 系统中，$Y_t = [LOAN2 t, PGDP2t, CPI2t]$。

脉冲响应函数的结果依赖于变量进入 VAR 的顺序，依照银行贷款渠道作用机制设置各变量进入 VAR 的顺序为：LOAN、RGDP、CPI。给予 LOAN 一个标准差大小的冲击，得到 RGDP 和 CPI 的脉冲响应函数轨迹图（见图 8－1、图 8－2、图 8－3、图 8－4）。

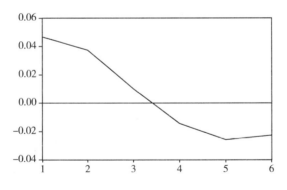

图 8－1　RGDP1 对 LOAN1 冲击的响应

由图 8－1 可知，RGDP1 对于来自 LOAN1 的一个标准差大小的冲击，即刻做出最大正向反应，增加了 0.0466，但到第三期就基本回到

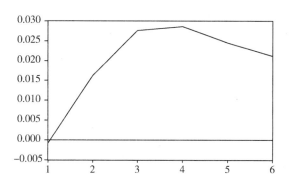

图 8 - 2　RGDP2 对 LOAN2 冲击的响应

原值，说明在单一结构的金融系统时期，货币政策通过银行贷款渠道只能在短期引起产出增加。由图 8 - 2 可知，RGDP2 对于来自 LOAN2 一个标准差大小的冲击，最初做出微弱的负向响应，减少了 0.0008，随即转为持续的正向响应，第 4 期达到最大正向响应值 0.0286，表明在多元结构的金融系统时期，货币政策通过银行贷款渠道在短期和长期都能引起产出增长。所以在金融系统结构多元转型后，货币政策通过银行贷款渠道虽然不能即刻引起产出同向变化，但随着时间的推移，政策对产出的影响越来越明显，具有长期持续的影响效应。

图 8 - 3 显示，在 LOAN1 一个标准差大小的冲击下，CPI1 的反应从 - 0.0063 开始，第 2 期转为正向响应，第 5 期达到最大正向响应值 0.0175；图 8 - 4 显示，在 LOAN2 一个标准差大小的冲击下，CPI2 的反应从 - 0.0044 开始，第 2 期转为正向响应，第 5 期达到最大正向响应值 0.0476。表明在两时期货币政策通过银行贷款渠道都是先影响到产出，大致 2—3 期之间才对物价产生明显的影响；比较来看，两时期正响应出现的时间以及最大响应值出现的时间基本一致，但在多元结构转型期，最大响应值和长期响应度明显加大。

在 VAR 模型基础上，通过方差分解来分析各变量对产出和物价预测误差的贡献程度，结果见图 8 - 5、图 8 - 6、图 8 - 7、图 8 - 8。

图 8 - 5 显示，来自 LOAN1 的新息对 RGDP1 预测误差的贡献度随着时间推移由 40% 逐步下降，基本在第 4 年之后稳定在 20% 左右；图 8 - 6 显示，来自 LOAN2 的新息对 RGDP2 预测误差的贡献度随着时间推移而不断增大，第 4 期后基本稳定在 30%。进一步说明银行贷款一直都

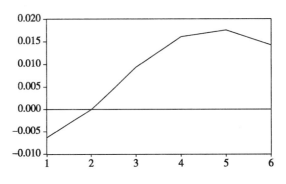

图 8 - 3　CPI1 对 LOAN1 冲击的响应

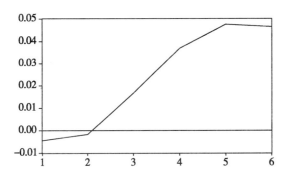

图 8 - 4　CPI2 对 LOAN2 冲击的响应

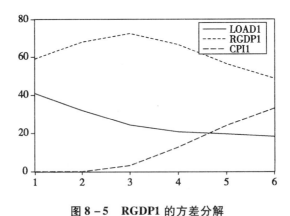

图 8 - 5　RGDP1 的方差分解

是产出的重要影响因素，但从长期效应来说，在金融结构多元转型后，货币政策银行贷款渠道的产出效应明显增强。

　　图 8 - 7 显示，来自 LOAN1 的新息对 CPI1 预测误差的贡献度在第 1

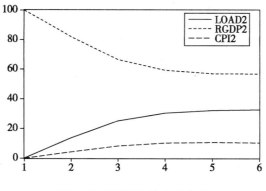

图 8 - 6　RGDP2 的方差分解

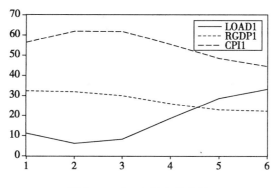

图 8 - 7　CPI1 的方差分解

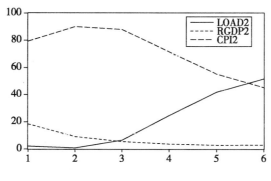

图 8 - 8　CPI2 的方差分解

年到第 3 年基本在 10% 以内，在第 3 年到第 5 年有较大幅度上升，由 10% 上升到 30% 以上。图 8 - 8 显示，来自 LOAN2 的新息对 CPI2 预测误差的贡献度在第 1 年到第 3 年基本稳定在 7% 以内，之后快速上升，到第 5 期已达 42%，第 6 年则达 52%。进一步说明银行贷款对物价的影响要在长期才能显现，但是比较来说，在金融结构多元转型后，货币政策银行贷款渠道的物价效应在长期有所增强。

第三节　过渡阶段和间接调控阶段银行贷款渠道效应的比较分析

一　数据说明和处理

考虑到过渡阶段和间接调控阶段历时较短，年度和季度数据有限，为提高检验效力，这里采用月度数据，数据主要来源于中国人民银行、中国统计局网站和锐思数据库。考虑到数据的可得性，过渡阶段数据样本空间从 1990 年 1 月到 1997 年 12 月；间接调控阶段数据样本空间从 1998 年 1 月到 2012 年 12 月。所用数据可以分为两大类：

一是代表货币政策的变量，选择货币供应量（M1）和贷款总额（LOAN）。金融系统多元转型后，货币供应量逐步取代了银行贷款成为中国货币政策的中介目标，它的变化是货币政策实施程度的最佳代表，所以这里选取狭义货币 M1 作为第一个代表货币政策的变量。无论在货币调控方式的过渡阶段还是间接调控阶段，中央银行都将对商业银行信贷规模的调控视为重要的政策策略，所以选取贷款总额为第二个代表货币政策的变量，同时它也是将银行贷款渠道区别于其他渠道的代表变量。

二是代表宏观经济状况的变量，选取产出和物价水平。其中物价水平以居民消费物价的月定基比指数代表（CPI，1996 年 1 月 = 100），由于我国并未公布物价的月定基比指数，这里根据国家统计局公布的居民消费物价月同期比指数和月环比指数构造了该指数；产出的最好指标是GDP，但由于我国未公布 GDP 月度数据，所以选取与其关系最密切的工业增加值（Y）作为产出的代表变量[①]，并经居民消费物价的月定基

---

① 2006 年之后国家不再公布工业增加值现值数，改为公布按可比价计算的工业增加值增长速度，2006 年之后的工业增加值根据前一年的增加值、当年增长速度和工业产品出厂价格指数推算得到。

比指数调整后得到实际值（RY）。

对所用数据均进行对数处理，并采用 X11 方法进行调整，以消除季节性影响。为区分两个阶段的变量，分别用 RYSA1、CPISA1、LOANSA1 和 RYSA2、CPISA2、LOANSA2 表示。然后对两个时期数据进行 ADF 检验，检验结果见表 8 - 4。

表 8 - 4　　　　　　　　两个时期变量平稳性检验结果

变量	ADF 检验值 （C，T，P）	临界值 1%	变　量	ADF 检验值 （C，T，P）	临界值 1%
RYSA1	- 3. 3242（C，T，2）	- 4. 0591	RYSA2	- 0. 9775（C，T，2）	- 4. 0125
LOADSA1	- 2. 4671（C，T，1）	- 4. 0580	LOADSA2	- 1. 5168（C，T，1）	- 4. 0122
CPISA1	- 1. 8221（C，T，2）	- 4. 0591	CPISA2	- 2. 4216（C，T，2）	- 4. 0125
M1SA1	- 2. 1811（C，T，2）	- 4. 0591	M1SA2	- 1. 4574（C，T，2）	- 4. 0125
iRYSA1	- 8. 0117（C，0，1）	- 3. 5015	iRYSA2	- 13. 0294（C，0，1）	- 3. 4684
iLOADSA1	- 7. 8796（C，0，1）	- 3. 5015	iLOADSA2	- 6. 8321（C，0，1）	- 3. 4684
iCPISA1	- 3. 6557（0，0，1）	- 2. 5880	iCPISA2	- 7. 1356（C，0，1）	- 3. 4684
iM1SA1	- 7. 8219（C，0，1）	- 3. 5015	iM1SA2	- 8. 9300（C，0，1）	- 3. 4684

表 8 - 4 显示，1990—1997 年，以及 1998—2012 年各变量水平序列均在 1% 的显著性水平下无法拒绝原假设，所以均为非平稳序列；经一阶差分后，各变量均在 1% 的显著性水平下拒绝单根的原假设，所以均为 I（1）序列，具有相同的整合级数。

二　双变量的格兰杰因果检验

格兰杰因果检验是从统计意义上来定义的因果关系，若两个平稳序列间存在显著的格兰杰因果关系，那么二者之间在经济上也存在必然的因果关系。在对两时期变量的平稳性检验中，已得知 ilnRYSA、ilnCPISA、ilnLOANSA 均为平稳序列，而对数一阶差分值可以视为各变量的增长率，所以可以通过格兰杰因果检验来分析两时期变量之间的因果关系，以初步确定银行贷款渠道在两时期是否存在或发挥作用，检验结果见表 8 - 5。

表8-5　两个时期变量之间两两因果关系的检验结果（滞后期=2）

原假设	F 值	P 值
iM1SA1 不是 iLOANSA1 的格兰杰原因	0.5808	0.5616
iLOANSA1 不是 iM1SA1 的格兰杰原因	1.4493	0.2403
iRYSA1 不是 iLOANSA1 的格兰杰原因	0.0373	0.9634
iLOANSA1 不是 iRYSA1 的格兰杰原因	4.2367	0.0175
iCPISA1 不是 iLOANSA1 的格兰杰原因	0.1433	0.8667
iLOANSA1 不是 iCPISA1 的格兰杰原因	6.0354	0.0035
iRYSA1 不是 iM1SA1 的格兰杰原因	0.9576	0.3878
iM1SA1 不是 iRYSA1 的格兰杰原因	4.5080	0.0137
iCPISA1 不是 iM1SA1 的格兰杰原因	0.5050	0.6053
iM1SA1 不是 iCPISA1 的格兰杰原因	0.3885	0.6792
iM1SA2 不是 iLOANSA2 的格兰杰原因	3.6496	0.0288
iLOANSA2 不是 iM1SA2 的格兰杰原因	1.0170	0.3646
iRYSA2 不是 iLOANSA2 的格兰杰原因	1.1333	0.0548
iLOANSA2 不是 iRYSA2 的格兰杰原因	0.7039	0.0698
iCPISA2 不是 iLOANSA2 的格兰杰原因	1.4403	0.8804
iLOANSA2 不是 iCPISA2 的格兰杰原因	0.4982	0.0010
iRYSA2 不是 iM1SA2 的格兰杰原因	2.1941	0.5992
iM1SA2 不是 iRYSA2 的格兰杰原因	0.1259	0.1343
iCPISA2 不是 iM1SA2 的格兰杰原因	0.8135	0.4246
iM1SA2 不是 iCPISA2 的格兰杰原因	0.9089	0.0696

　　由表8-5可知，1990—1997年，在75%的置信水平下可以认为iLOANSA1是iM1SA1的格兰杰成因，而反向的因果关系显著性不成立；这说明银行信贷增长带来了货币供应的增长，这与这一阶段中央银行通过信贷规模来直接调控货币供给的事实是相符合的。在99%的置信水平下可以认为iLOANSA1是iCPISA1的格兰杰原因，而反向的因果关系不成立；在95%的置信水平下可以认为iLOANSA1是iRYSA1的格兰杰原因，而反向的因果关系不成立，说明银行贷款增长是产出增长、物价变动的重要影响因素。iM1SA1在95%的置信水平下可以认为是iRYSA1的格兰杰成因，但作为iCPISA1的格兰杰成因被拒绝，说明货币供应的增长主要带来了产出增长。所以，对直接调控为主的过渡阶段的双变量间的格兰杰因果检验初步证实了存在着货币政策—银行贷款—产出、物价的直接传导机制。

　　表8-5也显示出1998—2008年，在95%的置信水平下可以认为iM1SA2是iLOANSA2的格兰杰成因，而反向因果关系的置信水平仅为

60%，这说明二者间主要是货币供应的增长带来银行贷款的增长，与这一阶段中央银行主要通过间接方式调控货币和信贷的事实相符。在90%的置信水平下，可以认为 iRYSA2 和 iLOANSA2 之间存在双向格兰杰因果关系，说明国内信贷增长率与产出增长率是互为因果的；至少在99%的置信水平下，可以认为 iLOANSA2 是 iCPI2 的格兰杰原因，而反向因果关系不成立，说明国内信贷增长率是物价变动率的重要影响因素。在85%的置信水平下可以认为 iM1SA2 是 iRYSA1 的格兰杰成因；在90%的置信水平下可以认为 iM1SA2 是 iCPISA2 的格兰杰成因，说明货币供应增长是引起产出增长和物价波动的重要因素。所以，格兰杰因果检验初步证实了在间接调控时期，存在着货币调控—银行贷款—产出、物价的间接传导机制。

三　脉冲响应分析

双变量格兰杰因果检验初步证实了无论是在直接调控为主的阶段，还是在间接调控为主的阶段，货币供应量与银行贷款之间，以及银行贷款与产出、物价之间都存在较强的联结机制，但这只是初步证实了银行贷款渠道的存在，两个阶段货币政策通过这一渠道对产出和物价的动态效应，还需建立关于 M1SA、LOANSA、RYSA、CPISA 多元时间序列变量组成的 VAR 系统，通过脉冲响应函数来分析。由于只有协整变量才可以建立 VAR 系统，所以先采用 Johansen 的协整分析法对两阶段 M1SA、LOANSA、CPISA、RYSA 进行多变量协整检验，检验结果见表8-6。

表8-6　　　两个阶段 RYSA、CPISA 、M1SA 、LOANSA
之间协整关系检验结果（滞后期 =2）

检验变量	特征值	轨迹统计值	1%的显著性水平	原假设 H₀
M1SA1，LOANSA1，RYSA1，CPISA1	0.3493	82.5114	60.16	None
	0.2493	42.5487	41.07	At most 1
	0.1260	15.8751	24.60	At most 2
M1SA2，LOANSA2，RYSA2，CPISA2	0.3772	84.5613	53.12	None
	0.0972	23.4846	34.91	At most 1

　　由表 8 - 6 可知，1990—1997 年，四个变量之间存在两个协整关系；1998—2012 年，四个变量之间存在一个协整关系。表明两个时期四个变量均存在长期稳定的协整关系，可以建立 VAR 模型进行脉冲响应函数分析。VAR 的一般形式为：

$$Y_t = A \ (L) \ Y_{t-1} + \varepsilon t$$

　　其中 Y_t 表示系统内生变量的向量组。过渡阶段的 VAR 系统中，Y_t = [M1SA1t，LOANSA1 t，RYSA1t，CPISA1t]；间接调控阶段的 VAR 系统中，Y_t = [M1SA2t，LOANSA2 t，RYSA2t，CPISA2t]。

　　脉冲响应函数的结果依赖于变量进入 VAR 的顺序，这里为了方便比较分析，两个阶段各变量进入 VAR 的顺序均为：M1SA、LOANSA、RGDPSA、CPISA。分别给予 M1SA、LOANSA 一个标准差大小的冲击，得到两个时期 RYSA 和 CPISA 的脉冲响应函数轨迹图（见图 8 - 9）。

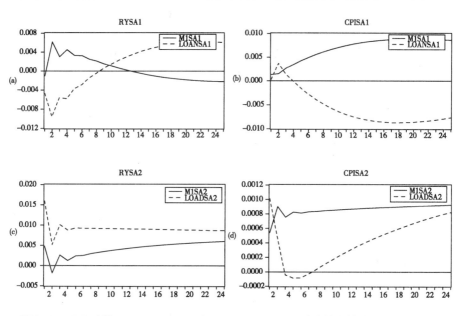

图 8 - 9　两个阶段 RYSA、CPISA 对 M1SA、LOANSA 冲击的脉冲响应函数轨迹图

　　由图 8 - 9（a）可知，1990—1997 年，RYSA1 对于来自 LOANSA1 的一个标准差大小的冲击，到第 8 个月才开始做正向反应；而 RYSA1 对于来自 M1SA1 的一个标准差大小的冲击，在第 1 个月就做出正向响应，这说明虽然产出能及时对货币政策冲击做出响应，但直接调控银行贷款规模的政策对产出的调控至少需要 8 个月的时滞，银行贷款渠道可能存在渠道不畅通的状况；由图 8 - 9（c）可知，1998—2012 年，RY-SA2 对于来自 LOANSA2 一个标准差大小的冲击，在第 1 个月即做出反应，增加了 0.016，之后响应开始下降并有所震荡，到第 5 个月基本稳定在 0.01；而 RYSA2 对于来自 M1SA2 的一个标准差大小的冲击，也在第 1 个月做出正向响应，经过 5 个月的震荡后持续加大响应度。两个阶段脉冲响应函数显示，较之 1990—1997 年，1998—2012 年产出对政策变量冲击的响应度显著增大，表明在间接调控时期，货币政策的产出效应提高，银行贷款渠道得到一定程度的疏通。

图 8 - 9（b）显示，1990—1997 年，在 LOANSA1 一个标准差大小的冲击下，CPISA1 的反应从 0 开始，第二个月达到最大响应值后逐步下降，在第 4 个月响应为 0，之后持续做出负向反应；而在 M1SA1 一个标准差大小的冲击下，CPISA1 的反应一直为正，且随时间推移而增大，这说明物价对货币供应冲击的响应要大于对银行贷款冲击的响应，虽然这一阶段货币政策对物价稳定起到一定的作用，但通过直接调控银行贷款规模的政策操作对这一目标的实现所发挥的效力极其有限，也说明银行贷款渠道不畅通。图 8 - 9（d）显示，1998—2012 年，在 LOANSA2 一个标准差大小的冲击下，CPISA2 在第一个月即做出反应，上升了 0.001，为最大正向响应，但到第 3 个月就回到原值，第 3—6 个月出现负向响应，第 7 月再逐渐转为持续正向响应；而 CPISA2 对于来自 M1SA2 的一个标准差大小的冲击，在 1—4 个月间小幅震荡后，正向响应值基本保持在 0.009 左右，较之对 LOANSA2 冲击的响应要稳定。比较前一阶段，总体上看，1998—2012 年货币政策的物价效应有所弱化，而其中银行贷款渠道对物价的影响在短期有所弱化，不仅最大正向响应值差距较大，而且响应持续时间也显著地缩短了；但从长期效应看，虽然银行贷款的增加会带来一定的通缩现象，但间接调控阶段银行贷款增加带来的通缩时间短而且程度较低。

第四节　小结

综合中国金融系统结构演进中，货币政策银行贷款渠道传导效应的两部分实证分析，得到以下结论：

第一，无论金融结构处于单一结构还是多元结构转型时期，银行贷款都是影响产出和物价的重要因素，银行贷款渠道是货币政策实现经济影响的主渠道，但两个时期银行渠道的传导效应也还存在一定的区别。金融结构多元转型时期，银行贷款的产出效应和价格效应在长期明显大于单一结构的金融系统时期，说明金融总量的扩张和金融结构的多元转型，提升了金融系统的整体功能，使得货币政策的银行贷款渠道效应提高。

第二，随着多元金融系统结构的不断完善，货币政策调控方式由直接调控为主转变为间接调控为主，在一定程度上带来了货币政策银行贷款渠道效应的变化。从产出效应来说，两阶段均存在显著的产出效应，说明我国以信贷总量调控为主要内容的货币政策在促进经济增长的目标上有着积极的作用；但比较来说，在间接调控阶段产出对银行贷款冲击的响应时滞缩短，响应度也加大而且持续时间更长，影响效力明显提高，这说明结构的演进和调控方式的转变，在一定程度上疏通了银行贷款渠道。从价格效应来说，间接调控时期银行贷款渠道对物价的影响在短期有所弱化，不仅最大正向响应值差距较大，而且响应持续时间也显著地缩短了；但从长期效应看，间接调控时期银行贷款的增加带来的通缩时间短而且程度较低，银行贷款渠道对物价的影响得到强化。鉴于此，当前实行的积极扩张信贷的货币政策对保证经济增长目标会起到极大的促进作用，但要防止物价上涨的潜在风险则不能仅仅依赖信贷收缩的货币政策手段，需要加强货币传导中价格型政策手段的运用和其他渠道的传导效应，尤其是货币与非货币资产价格渠道的传导作用。此外，较之货币供应量这一货币政策变量来说，产出对银行贷款冲击的反应度更大，而物价对货币供应冲击的反应更持续和稳定，这说明虽然银行贷款渠道是中国货币政策传导的主要途径，但货币供应量从稳定性来说是中介目标的更好选择。

第三，以银行金融中介为主体和资本市场协同发展的金融系统结构演进趋势，决定了在未来一段时间，货币政策仍需依靠银行贷款渠道发挥重要的传导作用，所以在现在和未来的货币政策运用中，仍要充分重视银行贷款的作用。

第九章

中国金融系统结构演进中利率渠道效应的实证分析

中国金融系统多元转型后，货币供应方式发生变化，利率政策逐渐成为信贷政策以外的货币政策手段，利率渠道开始成为货币政策向实际经济传导的重要途径之一，本章对多元金融系统结构下利率渠道传导效应进行实证分析。

第一节　研究思路和数据处理

一　相关研究

利率是利率渠道中货币与实际经济的联结纽带，政策的效应也就取决于政策操作对长短期利率的影响程度，以及投资、消费对利率变化的敏感程度。我国学者在研究银行存贷利率与投资、消费、产出等宏观经济变量之间关系的基础上，认为利率在我国货币政策中发挥的传导效应很有限，利率渠道不畅通。如朱烨东、陈勇运用 OLS 方法，对 1978—2001 年的投资与利率、储蓄与利率之间的相关关系进行分析，得到利率与投资有较弱的负相关关系而与储蓄没有太大的相关关系，利率传导效应较弱的结论。方先明、孙镟等运用协整和格兰杰因果检验等方法，对 1990—2004 年中国货币政策的利率传导机制进行实证研究，结果表明虽然货币在整体上有效但利率传导机制却是低效的，存在严重的渠道阻塞问题。马炎、朱利锋主要采用 OLS 方法对近 20 年来我国货币政策的利率传导机制的经济影响进行了实证分析，结论是利率传导机制的多条渠道均不畅通。曹伟、林燕运用最小二乘和时间序列分析等计量方法对 1984—2004 年中国货币政策有效性进行了实证分析，结果表明我国货币传导中利率渠道不畅通。孙敬详运用格兰杰检验和方差分解方法，对 1996—2007 年实际贷款利率与投资、消费和产出间的关系进行了分析，结论是利率机制相对较弱。

二 研究思路

第七章的研究揭示出，中国利率渠道有着不同于西方现代货币政策传导机制理论中的利率渠道的特点。进入多元金融系统时期后，中央银行最初并未通过货币市场来调节利率，而是通过直接调整金融机构存贷款的基准利率来实现这一渠道的传导效应；但随着货币市场的发展和利率市场化改革的推进，在间接调控时期货币市场已成为货币政策运行的第一步，货币市场利率的政策指示器作用开始显现，但利率管制的存在阻隔了货币市场利率—银行贷款利率的传导环节，所以在间接调控时期货币市场利率和银行贷款利率也可能是各自为伍地对政策意图进行传导，利率渠道可能表现为货币市场利率渠道和管制利率渠道两条。根据这一特点，本章以 1998 年为界，分两个时段对利率渠道的传导效应进行比较分析。

每一阶段的具体实证分两步进行：首先选取合适的政策变量和宏观经济变量，采用协整和 VECM[①] 来分析政策变量之间的两两关系，以及政策变量与宏观经济变量之间的两两关系，以初步检验中国利率渠道的效应和具体传导过程。然后，在此基础上建立多元时间序列变量的 VAR 系统，运用脉冲响应函数对利率渠道效应进行动态分析。最后根据实证结果，对两阶段利率渠道的传导效应进行比较总结。

三 数据说明和处理

为提高检验效力，采用月度数据，数据主要来源于中国人民银行、中国统计局网站和锐思数据库。考虑到数据的可得性，直接调控

---

① 借鉴了李南成（2004）在《中国货币政策传导的数量研究》一文中的检验方法：变量间若存在协整关系，说明变量在长期是相互依存的；根据协整关系建立的 VECM 模型，则表明变量间的短期关系，短期方程中误差修正项系数应该为负，表明误差修正机制是一个负反馈系统，这也是判断变量间传导关系的依据。

时期数据样本空间从 1990 年 1 月到 1997 年 12 月；间接调控时期数据样本空间从 1998 年 1 月到 2012 年 12 月。所采用的数据分为两大类：

第一类是代表货币政策的变量，选取货币供应量、金融机构贷款利率、货币市场利率作为货币政策变量。货币供应量是第一个代表货币政策的变量，这里采用狭义货币供应量月末值（M1）为代表。中国一直存在着利率管制，中央银行可以直接调整金融机构存贷款基准利率来影响总需求和总支出，银行存贷款利率是中国货币政策手段之一，所以第二个政策变量选取金融机构一年期贷款基准利率（DR）[①]。1996 年以来，中国货币市场得到快速发展，货币市场成为中央银行货币政策操作的重要场所和传导载体，货币政策的意图越来越表现在货币市场条件的变化上，所以（七天）银行同业拆借月平均利率（MR）作为货币市场的关键利率是被选取的第三个政策变量。要指出的是，在过渡时期，货币市场发展程度限制了其在货币政策实施和传导中的载体作用，缺乏一个全国统一的货币市场也使得货币市场利率缺乏统一的度量，所以作为货币政策代表变量，货币市场利率只在间接调控阶段的实证分析中出现。这里选取银行贷款利率和货币市场利率的意图，不仅仅是将其作为货币政策代表变量，也是将其作为区分利率渠道和其他渠道的渠道变量。

第二类是代表宏观经济的变量，选取产出和物价总水平作为宏观经济变量。产出用实际工业增加值（RY）来衡量，而物价总水平用居民消费物价定基指数（CPI，1996 年 1 月 = 100）来衡量。

所有的数据都采用对数表现形式，并经 X11 季节调整消除季节性影响，为区别两阶段相关变量，分别用 M1SA1、DRSA1、RYSA1、CPISA1，和 M1SA2、DRSA2、RYSA2、CPISA2 表示两阶段的货币供应量、银行贷款利率、产出和物价水平，MRSA2 表示货币市场利率。用 ADF.单根检验法检验平稳性，检验结果见表 9 - 1（由于两阶段的货币供应量、产出和物价变量已在第五章进行了平稳检验，均为 I（1）序列，表 9 - 1 中不再列出检验结果）。根据检验结果得知，所有的数据都是

---

① 按照实际使用天数进行平均得到月平均值。

I（1）时间序列。

表9-1　　　　　　　　　　　变量平稳性检验

变量	ADF 检验值 (C, T, P)	1% 临界值	变 量	ADF 检验值 (C, T, P)	1% 临界值
DRSA1	-1.4659 (C, 0, 3)	-3.5023	iDRSA1	-3.5510 (0, 0, 2)	-2.5883
DRSA2	-2.9103 (C, 0, 3)	-3.4686	iDRSA2	-6.6017 (0, 0, 1)	-2.5772
MRSA2	-3.2820 (C, 0, 1)	-3.4682	iMRSA2	-11.2772 (0, 0, 1)	-2.5772

第二节　过渡阶段实证

一　双变量的协整检验和 VECM 模型分析

数据平稳性检验显示所有变量都是 I（1）序列，可以进行双变量协整检验，检验结果见表9-2。

表9-2　　　　　　　双变量协整检验（滞后期=2）

变量	特征值	轨迹统计值	5% 的显著性水平	原假设 H₀
M1SA1，DRSA1	0.2477 0.0410	30.3634 3.8973	19.96 9.24	None At most 1
DRSA1，RYSA1	0.2541 0.0660	33.6192 6.3523	19.96 9.24	None At most 1
DRSA1，CPISA1	0.1345 0.0048	13.8830 0.4495	12.53 3.84	None At most 1
M1SA1，RYSA1	0.2482 0.1586	42.5943 16.0645	19.96 9.24	None At most 1
M1SA1，RYSA1	0.2125 0.0656	28.5295 6.3093	19.96 9.24	None At most 1

由表9-2得知，货币供应量与贷款利率、货币供应与产出、物价，以及贷款利率与产出物价之间均存在协整关系，说明货币政策变量之间，以及政策变量与宏观经济变量之间存在相互依存关系。为进一步判断这种依存关系的传导关系，根据协整检验结果建立 M1SA1 和 DRSA1（见式1）、DRSA1 和 RYSA1（见式2）、DRSA1 和 CPISA1（见式3）、M1SA1 和 RYSA1（见式4）、M1SA1 和 CPISA1（见式5）的 VECM 模型。

$iDRSA1 = 0.0018 \times ecm + 0.2264 \times iDRSA1\ (-1)\ +0.1898 \times iDR$-
$SA1\ (-2)\ +0.0252 \times iM1SA1\ (-1)\ +0.062 \times iM1SA1\ (-2)$

$iM1SA1 = -0.0097 \times ecm + 0.095 \times iDRSA1\ (-1)\ -0.1416 \times iDR$-
$SA1\ (-2)\ +0.0095 \times iM1SA1\ (-1)\ +0.0082 \times iM1SA1\ (-2)$

其中，$ecm = DRSA1\ (-1)\ +0.4362 \times M1SA1\ (-1)\ -10.3929$

$$(1)$$

$iRYSA1 = -0.2099 \times ecm - 0.3922 \times iRYSA1\ (-1)\ -0.127 \times iRY$-
$SA1\ (-2)\ +0.0645 \times iDRSA1\ (-1)\ +0.0881 \times iDRSA1\ (-2)$

$iDRSA1 = 0.0981 \times ecm - 0.0802 \times iRYSA1\ (-1)\ -0.0437 \times iRYSA1$
$(-2)\ +0.1547 \times iDRSA1\ (-1)\ +0.0833 \times iDRSA1\ (-2)$

其中，$ecm = RYSA1\ (-1)\ +0.2798 \times DRSA1\ (-1)\ -14.2279$

$$(2)$$

$iCPISA1 = -0.0059 \times ecm + 0.1506 \times iCPISA1\ (-1)\ +0.2183 \times$
$iCPISA1\ (-2)\ +0.0088 \times iDRSA1\ (-1)\ +0.0428 \times iDRSA1\ (-2)$

$iDRSA1 = 0.0077 \times ecm + 0.1337 \times iCPISA1\ (-1)\ +0.3233 \times iCPI$-
$SA1\ (-2)\ +0.2102 \times iDRSA1\ (-1)\ +0.1683 \times iDRSA1\ (-2)$

其中，$ecm = CPISA1\ (-1)\ -2.2272 \times DRSA1\ (-1)$ $\qquad(3)$

$iRYSA1 = -0.0058 \times ecm - 0.3153 \times iRYSA1\ (-1)\ -0.0464 \times iRY$-
$SA1\ (-2)\ +0.3593 \times iM1SA1\ (-1)\ -0.0323 \times iM1SA1\ (-2)$

$iM1SA1 = 0.0370 \times ecm + 0.092 \times iRYSA1\ (-1)\ -0.0468 \times iRYSA1$
$(-2)\ +0.0212 \times iM1SA1\ (-1)\ -0.0206 \times iM1SA1\ (-2)$

其中，$ecm = RYSA1\ (-1)\ -0.1560 \times M1SA1\ (-1)\ -10.8462$

$$(4)$$

$iCPISA1 = -0.0045 \times ecm + 0.151 \times iCPISA1\ (-1)\ +0.2306 \times$
$iCPISA1\ (-2)\ +0.0168 \times iM1SA1\ (-1)\ +0.0443 \times iM1SA1\ (-2)$

$iM1SA1 = -0.0224 \times ecm - 0.1173 \times iCPISA1\ (-1)\ +0.1383 \times$
$iCPISA1\ (-2)\ +0.0052 \times iM1SA1\ (-1)\ +0.0274 \times iM1SA1\ (-2)$

其中，$ecm = CPISA1\ (-1)\ -0.296 \times M1SA1\ (-1)\ -0.9206$

$$(5)$$

由式（1）可知，M1SA1 与 DRSA1 之间的 VECM 模型的第二个短
期方程中短期误差修正项的调整系数为 -0.97%，符合误差修正负反馈

过程；而第一个短期方程中的误差修正项系数为 0.18%，不符合误差修正负反馈过程。可以认为短期修正过程主要靠的是第二种形式，即长期均衡关系主要由贷款利率对货币供应量的影响而引起的。同理，根据式（2）得知 DRSA1 和 RYSA1 之间的长期均衡关系主要是由贷款利率对产出的影响而引起的；根据式（3）得知 DRSA1 和 CPISA1 之间的长期均衡关系主要是由贷款利率对物价水平的影响而引起的；根据式（4）得知 M1SA1 和 RYSA1 之间的长期均衡关系主要是由货币供应量对产出的影响而引起的；根据式（5）得知 DRSA1 和 CPISA1 之间的长期均衡关系是由货币供应量和物价水平之间的相互影响而引起的。以上两个变量间的影响关系说明过渡阶段货币政策通过利率影响宏观经济的途径主要表现为：

$$DR \rightarrow M \rightarrow RY、CPI$$

二　脉冲响应函数分析

根据双变量检验的结果得到的货币政策利率传导机制作用过程的经验证据，建立由政策变量与宏观经济变量组成的 VAR 系统。VAR 的一般形式为：

$$Y_t = A（L）Y_{t-1} + \varepsilon_t$$

Y_t 表示系统内生变量的向量组。在过渡时期的 VAR 系统中，Y_t = ［DRSA1t，M1SA1t，RYSA1t，CPISA1t］。

内生变量之间必须存在协整关系是 VAR 系统建立的基础，为此对以上变量组进行 Johansen 多变量协整检验，检验结果见表 9 - 3。表 9 - 3 表明被检验的变量组存在一个协整关系，可以建立上述 VAR 系统，进行脉冲响应函数分析。

表 9 - 3　　　　　　　多变量协整检验（滞后期 = 2）

变量	特征值	轨迹统计值	5% 显著性水平	原假设 H_0
DRSA1，M1SA1	0.3208	84.3928	53.12	None
RYSA1，CPISA1	0.2474	48.4153	34.91	At most 1

给予过渡阶段的 VAR 系统中代表货币政策的变量一个标准差大小的冲击，产出和物价的响应函数轨迹如图 9 - 1 所示，其中图 9 - 1（a）

表示的是产出对货币供应量和贷款利率冲击的响应，而图9-1（b）表示的是物价水平对货币供应和贷款利率冲击的响应。

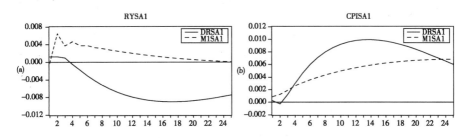

图9-1 过渡阶段的 VAR 模型中产出与物价的脉冲响应函数轨迹

由图9-1可知，对于来自 M1SA1 的冲击，RYSA1 的响应从0开始，到第2月即达到最大响应值，之后持续下降；而 CPISA1 即刻做出0.001的正向响应，之后响应度持续增大。这表明从整体上说，以调控货币信贷总量为主要内容的货币政策在这一阶段还是发挥了一定的效果，而且比较而言，在短期其产出效应更为显著而长期价格效应更突出。

由图9-1也看出，对于来自 DRSA1 的冲击，RYSA1 在1—4月做出微弱的正向响应，4个月后出现持续增长的负向响应；而 CPISA1 在1—2月间几乎没有反应，2个月后则呈现持续的正向响应。这表明贷款利率有着明显的产出效应，但至少存在4个月的时滞；而且贷款利率也对物价有较为明显的影响，但这一影响方向并不符合货币政策调控目标的需要，所以货币政策难以通过利率渠道来实现物价的稳定。

比较图9-1中产出、物价对货币供应和贷款利率的脉冲响应，不难看出，利率渠道已经成为货币政策传导的重要途径，但还不能取代货币供应量成为传导的关键环节。

第三节　间接调控阶段实证

一　双变量的协整检验和 VECM 模型分析

间接调控阶段的双变量协整检验结果见表9-4。由表9-4得知，DRSA2 和 MRSA2 之间不存在长期稳定的协整关系，这说明货币市场利率与贷款利率不存在相互的依存关系，这与利率未完全实现市场化，贷款利率受中央银行直接管制的事实是相符的，所以通过货币市场操作和传导的间接调控手段，不能通过货币市场利率有效地影响到银行贷款利率，利率渠道不畅通。但 DRSA2 与 M1SA2、RYSA2、CPISA2 间存在两两协整关系，MRSA2 与 M1SA2、RYSA2、CPISA2 间也存在两两协整关系，说明利率与货币供应及宏观经济是相互依存的，无论是货币市场利率还是贷款利率都在货币政策传导中都发挥了作用。

表 9 – 4　　　　　　　　双变量协整检验（滞后期 = 2）

变量	特征值	轨迹统计值	5% 的显著性水平	原假设 H₀
M1SA2，DRSA2	0.2968 0.0721	75.5702 13.2501	19.96 9.24	None At most 1
M1SA2，MRSA2	0.3200 0.0626	79.7236 11.4514	19.96 9.24	None At most 1
DRSA2，MRSA2	0.0661 0.0302	17.5374 5.4358	19.96 9.24	None At most 1
MRSA2，RYSA2	0.2678 0.0613	66.3882 11.2057	19.96 9.24	None At most 1
MRSA2，CPISA2	0.1029 0.0597	30.0761 10.8993	19.96 9.24	None At most 1
DRSA2，RYSA2	0.3202 0.0746	82.0331 13.7282	19.96 9.24	None At most 1
DRSA2，CPISA2	0.1738 0.0586	44.4904 10.6960	19.96 9.24	None At most 1
M1SA2，RYSA2	0.3026 0.0083	65.2624 1.4761	19.96 9.24	None At most 1
M1SA2，CPISA2	0.2605 0.0757	67.3368 13.9326	19.96 9.24	None At most 1

为进一步从这些种依存关系中寻求利率渠道的具体传导过程，根据以上协整关系建立 M1SA2 和 DRSA2 [见式（6）]、DRSA2 和 RYSA2 [见式（7）]、DRSA2 和 CPISA2 [见式（8）]、M1SA2 和 MRSA2 [见式（9）]、MRSA2 和 RYSA2 [见式（10）]、MRSA2 和 CPISA2 [见式（11）]、M1SA1 和 RYSA1 [见式（12）]、M1SA1 和 CPISA1 [见式（13）] 的 VECM 模型。

$iM1SA2 = -0.001 \times ecm - 0.1357 \times iM1SA2 \ (-1) + 0.0167 \times iM1SA2 \ (-2) + 0.0566 \times iDRSA2 \ (-1) - 0.1125 \times iDRSA2 \ (-2)$

$iDRSA2 = 0.0003 \times ecm + 0.2236 \times iM1SA2\ (-1)\ + 0.1026 \times iM1SA2\ (-2)\ +0.2756 \times iDRSA2\ (-1)\ +0.1447 \times iDRSA2\ (-2)$

其中，$ecm = M1SA2\ (-1)\ +20.7797 \times DRSA2\ (-1)\ -66.9362$

$$(6)$$

$iDRSA2 = -0.0043 \times ecm + 0.2789 \times iDRSA2\ (-1)\ + 0.2014 \times iDRSA2\ (-2)\ -0.0902 \times iRYSA2\ (-1)\ -0.072 \times iRYSA2\ (-2)$

$iRYSA2 = -0.0432 \times ecm + 0.4687 \times iDRSA2\ (-1)\ + 0.1047 \times iDRSA2\ (-2)\ -0.4189 \times iRYSA2\ (-1)\ -0.1448 \times iRYSA2\ (-2)$

其中，$ecm = DRSA2\ (-1)\ +0.0881 \times RYSA2\ (-1)\ -3.5228$

$$(7)$$

$iDRSA2 = -0.0241 \times ecm + 0.1886 \times iDRSA2\ (-1)\ + 0.0711 \times iDRSA2\ (-2)\ +0.9624 \times iCPISA2\ (-1)\ +0.978 \times iCPISA2\ (-2)$

$iCPISA2 = 0.0054 \times ecm + 0.0324 \times iDRSA2\ (-1)\ + 0.0282 \times iDRSA2\ (-2)\ +0.0502 \times iCPISA2\ (-1)\ +0.0992 \times iCPISA2\ (-2)$

其中，$ecm = DRSA2\ (-1)\ +0.5126 \times CPISA2\ (-1)\ -3.9708$

$$(8)$$

$iM1SA2 = -0.0019 \times ecm - 0.2145 \times iM1SA2\ (-1)\ - 0.0063 \times iM1SA2\ (-2)\ -0.0018 \times iMRSA2\ (-1)\ -0.003 \times iMRSA2\ (-2)$

$iMRSA2 = 0.0054 \times ecm + 2.4991 \times iM1SA2\ (-1)\ + 1.1391 \times iM1SA2\ (-2)\ -0.1936 \times iMRSA2\ (-1)\ -0.1005 \times iMRSA2\ (-2)$

其中，$ecm = M1SA2\ (-1)\ +5.3321 \times MRSA2\ (-1)\ -29.1918$

$$(9)$$

$iMRSA2 = 0.0009 \times ecm - 0.1817 \times iMRSA2\ (-1)\ - 0.1151 \times iMRSA2\ (-2)\ +0.4799 \times iRYSA2\ (-1)\ -0.4229 \times iRYSA2\ (-2)$

$iRYSA2 = -0.0109 \times ecm + 0.0359 \times iMRSA2\ (-1)\ + 0.0185 \times iMRSA2\ (-2)\ -0.3681 \times iRYSA2\ (-1)\ -0.1292 \times iRYSA2\ (-2)$

其中，$ecm = MRSA2\ (-1)\ +0.3505 \times RYSA2\ (-1)\ -7.7182$

$$(10)$$

$iMRSA2 = -0.0281 \times ecm - 0.1947 \times iMRSA2\ (-1)\ - 0.1296 \times iMRSA2\ (-2)\ +4.2382 \times iCPISA2\ (-1)\ +5.9789 \times iCPISA2\ (-2)$

$iCPISA2 = 0.0011 \times ecm + 0.0037 \times iMRSA2\ (-1)\ + 0.0047 \times iMR\text{-}$

$SA2$（-2）$+0.0951 \times iCPISA2$（-1）$+0.1579 \times iCPISA2$（-2）

其中，$ecm = MRSA2$（-1）$+2.5196 \times CPISA2$（-1）-11.8146

（11）

$iM1SA2 = -0.0022 \times ecm - 0.0779 \times iM1SA2$（$-1$）$+0.1415 \times iM1SA2$（$-2$）$-0.0536 \times iRYSA2$（$-1$）$-0.1089 \times iRYSA2$（$-2$）

$iRYSA2 = -0.0023 \times ecm - 0.0398 \times iM1SA2$（$-1$）$+0.2498 \times iM1SA2$（$-2$）$-0.3038 \times iRYSA2$（$-1$）$-0.1094 \times iRYSA2$（$-2$）

其中，$ecm = M1SA2$（-1）$-0.4736 \times RYSA2$（-1）-15.3388

（12）

$iCPISA2 = -0.0014 \times ecm + 0.1512 \times iCPISA2$（$-1$）$+0.178 \times iCPISA2$（$-2$）$+0.0855 \times iM1SA2$（$-1$）$-0.0114 \times iM1SA2$（$-2$）

$iM1SA2 = -0.0613 \times ecm - 0.3142 \times iCPISA2$（$-1$）$+0.0283 \times iCPISA2$（$-2$）$-0.1387 \times iM1SA2$（$-1$）$+0.0827 \times iM1SA2$（$-2$）

其中，$ecm = CPISA2$（-1）$-0.1539 \times M1SA2$（-1）-2.4804

（13）

根据式（6）可知，M1SA2 与 DRSA2 之间的长期均衡关系主要是由贷款利率对货币供应量的影响而引起的；根据式（7）得知 DRSA2 和 RYSA2 之间的长期均衡关系是由贷款利率和产出之间的相互影响而引起的；根据式（8）得知 DRSA2 和 CPISA2 之间的长期均衡关系主要是由物价水平对贷款利率的影响而引起的；根据式（9）得知 M1SA2 和 MRSA2 之间的长期均衡关系主要是由货币市场利率对货币供应量的影响而引起的；根据式（10）得知 MRSA2 和 RYSA2 之间的长期均衡关系主要是由货币市场利率对产出的影响而引起的；根据式（11）得知 MRSA2 和 CPISA2 之间的长期均衡关系是物价水平对货币市场利率的影响而引起的；根据式（12）得知 M1SA2 和 RYSA2 之间的长期均衡关系是由货币供应量和产出之间的相互影响而引起的；根据式（13）得知 M1SA2 和 CPISA2 之间的长期均衡关系是由货币供应量和物价水平之间的相互影响而引起的。以上两变量间的影响关系说明间接调控阶段货币政策通过利率影响宏观经济的途径表现为两条：

其一是：DR →M →RY、CPI

其二是：MR →M →RY、CPI

二　脉冲响应函数分析

根据双变量检验的结果得到的两条利率传导途径，建立由政策变量与宏观经济变量组成的建立两个 VAR 系统。VAR 的一般形式为：

$$Y_t = A\ (L)\ Y_{t-1} + \varepsilon_t$$

Y_t 表示系统内生变量的向量组。第一个 VAR 系统中 Y_t = ［DRSA2t，M1SA2t，RYSA2t，CPISA2t］，第二个 VAR 系统中 Y_t = ［MRSA2t，M1SA2t，RYSA2t，CPISA2t］。

进入 VAR 的内生变量之间必须存在协整关系是 VAR 系统建立的基础，为此对以上变量组进行 Johansen 多变量协整检验，检验结果见表 9-5。表 9-5 表明被检验的变量组均存在一个协整关系，可以建立上述 VAR 系统，进行脉冲响应函数分析。

表 9-5　　　　　　　　　多变量协整检验（滞后期 = 2）

变量	特征值	轨迹统计值	1% 显著性水平	原假设 H$_0$
DRSA2，M1SA2	0.3418	123.2297	60.16	None
RYSA2，CPISA2	0.1490	49.2132	41.07	At most 1
M1SA2，MRSA2	0.3778	94.6675	53.12	None
RYSA2，CPISA2	0.1364	33.4617	34.91	At most 1

给予直接调控阶段的两个 VAR 系统中代表货币政策的变量一个标准差大小的冲击，产出和物价的响应函数轨迹分别见图 9-2 和图 9-3。图 9-2（a）表示的是第一个 VAR 中产出对货币供应量和贷款利率冲击的响应；图 9-2（b）表示的是第一个 VAR 中物价水平对货币供应和贷款利率冲击的响应。图 9-3（a）表示的是第二个 VAR 中产出对货币供应量和贷款利率冲击的响应；图 9-3（b）表示的是第二个 VAR 中物价水平对货币供应和贷款利率冲击的响应。

图 9-2 和图 9-3 中产出、物价对货币冲击的响应轨迹基本是一致的。对于来自货币供应量的冲击，产出在第 1 个月即增加了 0.006，经过小幅下降后，第 4 个月基本稳定在 0.005 左右；而物价的反应基本从 0 开始逐渐变大，第 12 个月后稳定在 0.002 左右。总的来说，产出对货币冲击的响应大于物价对货币冲击的响应，表明间接调控阶段，货币政策整体上是有效的，尤其是产出效应在短期和长期都大于物价效应。

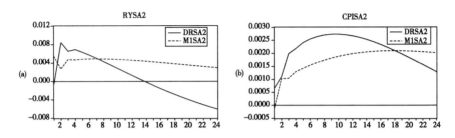

图 9 - 2　间接调控阶段的第一个 VAR 模型中产出与物价的脉冲响应函数轨迹

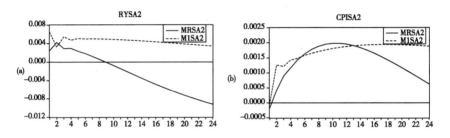

图 9 - 3　间接调控阶段的第二个 VAR 模型中产出与物价的脉冲响应函数轨迹

由图 9 - 2（a）可知，对于来自贷款利率的冲击，产出的响应从微弱的负向响应开始，但很快转为持续正向响应，大致在 14 个月后才再转为负向响应；而由图 9 - 3（a）可知，对于来自货币市场利率的冲击，产出大致在 9 个月后明显减少。说明贷款利率还是货币市场利率都具有一定的产出效应，但贷款利率的产出效应微弱，而市场利率的产出效应时滞较长。

由图 9 - 2（b）可知，来源于 DR 的冲击，导致物价一直上升；由图 9 - 3（b）可知，来源于 MR 的冲击，在 0—1 个月引起了物价水平下降，而之后使物价上升。这说明贷款利率作为管制利率，不能真实反映资金的供求关系，从而难以发挥稳定价格的作用，而货币市场利率更能反映资金的真实供求，政策引致的货币市场利率的变化能在短期发挥稳定价格的作用，但由于利率的管制，货币市场利率难以通过影响银行贷款利率而发挥更大的作用。所以逐步取消管制利率，推进利率市场化是提高货币政策利率传导效应的重要举措。

比较图 9 - 2 和图 9 - 3 中产出货币供应和利率冲击的响应，可以看出，产出对于银行贷款利率冲击的响应在短期大于对货币冲击的响应，在长期则相反；而产出对于货币市场利率冲击的响应在短期和长期都基本小于对货币冲击的响应。比较图9-2和图9-3中物价对货币供应与利率冲击的响应，可以看出，而物价对利率冲击的响应大于对货币冲击的响应，但物价对利率冲击的响应方向主要是同向的，这不符合政策需要。所以利率渠道虽然在这一阶段发挥了重要的传导作用，但还不是货币传导的最主要渠道。

第四节　两阶段实证结果的比较分析

比较过渡阶段和间接调控阶段，对利率渠道的传导效应的实证分析，可以得到以下主要的结论：

第一，无论是在过渡阶段还是在间接调控阶段，货币供应量、利率与产出、物价与之间不仅仅存在紧密的依存关系和传导关系，而且基于变量间传导关系而建立的多变量 VAR 系统的脉冲响应分析也都显示产出、物价对货币供应量和利率的冲击有着明显的响应，所以从整体上看货币政策在实现经济增长和稳定物价上起到了一定的作用。

第二，两个阶段产出、物价的脉冲响应轨迹图中，可以明显看出产出对货币供应量冲击的响应要大于对利率的冲击响应；物价对货币供应量冲击的响应不仅明显而且方向上符合政策调控的需要，而物价对利率冲击的响应虽然明显但方向基本上与政策的需要相反。所以可以说两个阶段中利率已经在货币传导中发挥了重要作用，但利率渠道还不是货币政策影响实际经济的最主要渠道。

第三，两两变量间关系的实证证实，在过渡阶段利率渠道作用的机制主要是贷款利率—货币总量以及宏观经济变量；而在间接调控阶段则存在两条利率渠道，除了贷款利率—货币总量以及宏观经济变量这一渠道外，还存在货币调控—货币市场利率—宏观经济变量的传导途径。

第四，比较两个阶段产出对贷款利率冲击的响应轨迹，在过渡时期产出在 4 个月后做出政策期望的响应，而在间接调控时期产出立即做出政策期望的响应，但时间极其短，这表明较之过渡时期利率渠道的产出效应仅在短期得到改善。比较两个阶段物价对贷款利率冲击的响应轨迹，虽然物价响应幅度在间接调控阶段明显下降，但物价仍然与利率正相关，这说明利率管制制约了利率渠道的传导效应。此外，间接调控阶段实证结果显示，货币市场利率在政策传导中的作用开始显现，但产出效应的时滞较长，而物价效应只能在很短的时间内符合政策的需要。所以要提高利率渠道的传导效应，要求继续推进利率市场化改革，以建立货币市场利率与银行存贷款利率间的有效联结机制。

第五，利率还不具备成为货币政策中间目标的条件，但在货币政策设计中应充分重视利率的测量和其经济影响。作为利率渠道的代表变量，银行贷款利率和货币市场利率都具有可控性，但相关性尚有欠缺。货币市场利率距离最终目标较远，而银行贷款利率又受到管制，不能真实地反映经济主体的资金需求，造成政策利率与物价的关联方向违背了政策调控的意图，这些都意味着现阶段利率还不适合作为我国货币政策的中间目标，相对而言货币供应仍然是最适当的选择。但随着货币市场的发展和利率市场化的推进，利率在经济金融中的信号作用将不断增强，所以在现阶段有必要将其纳入中间目标系统中来进行观测和分析。

第十章

中国金融系统结构演进中股票价格渠道效应的实证分析

20世纪80年代以来,随着多元结构的金融系统的演进,资本市场在中国得到较快的发展,从而开辟了多元融资渠道、提供了多样化的非货币金融产品、构建了货币与非货币金融资产的联系。尤其是上海和深圳证券交易所组建以来,股票市场对宏观经济运行的影响越来越大,成为资本市场的核心,股票价格也随之成为中国货币政策传导中的重要金融变量。本章基于金融系统结构演进,对股票价格渠道传导效应进行实证分析。

第一节 研究思路和数据处理

一 相关研究

近年来中国学者开始关注货币传导的股票价格渠道。瞿强对西方学者在资产价格与货币政策关系方面的研究进行了总结,指出资产价格波动对货币政策在目标选择、传导机制等方面提出了挑战,货币政策应该关注股价等资产价格的波动。王军、邢亚丽总结了货币政策股票价格传导的理论,并对1996—1998年降息对股票价格,以及股票价格对投资、消费的影响进行了实证分析,结论是降息政策难以扭转股市价格运行趋势,股票价格对投资、消费的启动和刺激作用也不十分明显。邓瑛、田来喜探讨了股票市场传导货币政策的机理,并对1996年以来降息带来的股市效应和股价与投资、消费的相关性进行了回归分析,结论是股票价格渠道效应较弱。余元全将股票市场因素引入凯恩斯模型,建立一般均衡下的扩展 IS – LM 模型,采用 TSLS 定量分析股市对我国宏观经济和货币政策传导机制的影响，实证结论是中国股票价格传导货币政策的机制不畅通。秦翠萍从定性的角度分析了中国股票市场在规模、制度、结构和外在环境等方面的不完善对股票价格渠道造成的障碍。陈平采用协整、VAR 等方法对 1998 年第四季度到 2007 年第三季度的数据进行了实证分析，结论是我国货币政策主要通过信贷渠道发挥作用，但股票价格渠道日益突出。董亮、胡海鸥通过格兰杰因果检验和协整等方法，采用 1998 年第四季度到 2007 年第一季度的季度数据，对中国市场进行实证研究，结果表明股票价格渠道不畅通。

二　研究思路

根据第七章的分析，股票价格渠道是随着金融系统结构的多元转型而出现的，其影响效力也必然随着这一结构演进的深化而不断增强，尤其是货币政策转向间接调控提高了各经济主体对政策变化的敏感度，使得经济主体在股票市场上的投融资和交易更多地受到货币政策的影响，这一渠道的传导效应会有不同的表现。因此以 1998 年为界，分别对过渡阶段和间接调控阶段的股票价格渠道效应进行实证分析。

股票价格渠道理论揭示，对这一传导机制的效应取决于货币政策引致的货币供应和利率的变化对股票价格的影响程度，以及股票价格的变化对宏观经济的影响程度。所以对这一渠道效应的实证也就是分析作为政策变量的货币供应量、利率与股票价格的关系，以及股票价格与宏观经济变量之间的关系。按照这一逻辑，对每一阶段的实证分两步进行：采用协整和 VECM 来分析政策变量与股票价格之间的两两关系，以及股票价格与宏观经济变量之间的两两关系，以确定传导机制的存在和具体传导过程；在此基础上，建立关于货币政策变量、股票价格和宏观经济变量的 VAR 系统，通过脉冲响应函数和方差分解方法来分析股票价格渠道的动态效应。

三　数据说明和处理

为提高检验的效力，所有变量的数据均采用月度指标。鉴于规范的股票市场成立以来才有股票价格指数的编制，过渡阶段的数据空间从 1991 年 1 月到 1997 年 12 月；间接调控阶段的数据空间从 1998 年 1

月到2012 年12 月，所有数据均来自官方网站或锐思数据库。所用变量
分为三大类：

一是代表货币政策的变量，鉴于股票市场传导的第一环节主要取决
于政策操作引致的货币供应量和利率变化能否影响股票价格，所以选取
货币供应量、贷款利率和货币市场利率作为货币政策变量。其中货币供
应量采用狭义货币供应量月末值（M1）为代表；银行贷款利率采用金
融机构一年期贷款基准利率（DR）为代表；货币市场利率采用七天同
业拆借月平均利率（MR）为代表，与上一章一样，它只出现在间接调
控阶段的实证中。

二是代表股票价格传导的渠道变量，股票价格（PE）是这一渠道
效应的代表变量，选取上证股价综合指数月末值为代表。

三是代表宏观经济的变量，选取产出和物价总水平。产出用实际工
业增加值（RY）来衡量，而物价总水平则用居民消费物价定基指数
（CPI，1996 年1 月 =100）来衡量。

所有的数据都采用对数表现形式，并经 X11 季节调整消除季节性影
响，为区别两阶段相关变量，分别用 M1SA1、DRSA1、PESA1、RYSA1、
CPISA1，和 M1SA2、DRSA2、PESA2、RYSA2、CPISA2 表示两个阶段的
货币供应量、银行贷款利率、股票价格、产出和物价水平；MRSA2 表示
货币市场利率。由于股票价格外的变量在第八章和第九章进行了平稳检
验，均为 I（1）序列，这里只对股票价格进行 ADF 单根检验，检验结果
见表10 -1。表10 -1 显示，两阶段股票价格都是 I（1）时间序列。

表 10 - 1　　　　　　　　　**变量平稳性检验**

变量	ADF 检验值 （C，T，P）	1% 临界值	变　量	ADF 检验值 （C，T，P）	1% 临界值
PESA1	-2.3361（C，T，2）	-4.0727	iPESA1	-6.3114（0，0，1）	-2.5912
PESA2	-2.2326（C，T，2）	-4.0125	iPESA2	-7.2246（0，0，1）	-2.5772

第二节　过渡阶段实证

一　双变量的协整检验和 VECM 模型分析

所有变量均为 I（1）序列，可以对政策变量与股票价格，以及股

票价格和宏观经济变量进行双变量间的协整检验，检验结果见表 10 - 2。

表 10 - 2　　　　　　双变量协整检验（滞后期 = 2）

变量	特征值	轨迹统计值	5% 的显著性水平	原假设 H$_0$
M1SA1，PESA1	0. 2644 0. 0754	31. 6142 6. 4312	19. 96 9. 24	None At most 1
DRSA1，PESA1	0. 0954 0. 0325	10. 9284 2. 7107	19. 96 9. 24	None At most 1
PESA1，RYSA1	0. 0911 0. 0278	10. 1433 2. 3142	19. 96 9. 24	None At most 1
PESA1，CPISA1	0. 2833 0. 0777	33. 9365 6. 6282	19. 96 9. 24	None At most 1

由表 10 - 2 可知，M1SA1 与 PESA1 之间存在着长期稳定的协整关系，说明货币供应量与股票价格之间存在相互依存关系。依照协整关系可以建立 M1SA1 与 PESA1 的 VECM 模型（见式（1）），式（1）显示，两个方程的误差修正项的调整系数均为正，不符合负反馈机制的要求，意味货币供应量和股票价格之间没有形成较明显的传导关系。表 10 - 2 也显示，DRSA1 与 PESA1 之间不存在协整关系，说明贷款利率与股票价格之间并不存在相互依存关系。所以可以说，在过渡阶段，股票价格与货币供应量、利率之间还没有形成相互的影响关系，货币政策的股票价格渠道在货币政策实施—股票价格的环节，存在渠道不畅通的问题。这是由于在过渡阶段，股票市场处于刚刚起步的发展状态，规模极其有限，制度也很不健全，股票市场与其他金融市场之间缺乏有效的联系，自然使得货币政策难以通过对货币供应量、利率等金融变量的调控来影响股票价格。

$iPESA1 = 0.0153 \times ecm - 0.1325 \times iPESA1（-1）+ 0.0532 \times iPESA1（-2）- 0.1045 \times iM1SA1（-1）- 1.8119 \times iM1SA1（-2）$

$iM1SA1 = 0.0045 \times ecm + 0.0128 \times iPESA1（-1）+ 0.0178 \times iPESA1（-2）- 0.053 \times iM1SA1（-1）- 0.0285 \times iM1SA1（-2）$

其中，$ecm = PESA1（-1）- 2.6911 \times M1SA1（-1）+ 36.3729$

（1）

$iCPISA1 = - 0.0116 \times ecm - 0.019 \times iCPISA1（-1）+ 0.244 \times$

$iCPISA1$（-2）$-0.0075 \times iPESA1$（-1）$-0.0058 \times iPESA1$（-2）

$\qquad iPESA1 = -0.05188 \times ecm - 0.6463 \times iCPISA1$（$-1$）$+0.7074 \times$

$iCPISA1$（-2）$-0.1367 \times iPESA1$（-1）$+0.0188 \times iPESA$（-2）

$\qquad$ 其中，$ecm = CPISA1$（-1）$-0.029 \times PESA1$（-1）-4.8483

$$\text{（2）}$$

由表 10 - 2 可知，PESA1 与 RYSA1 之间不存在长期稳定的协整关系，说明股票价格与产出之间不存在相互依存关系。表 10 - 2 也显示，PESA1 与 CPISA1 之间存在长期稳定的协整关系，说明股票价格与物价水平之间存在相互依存关系，依照协整关系建立二者的 VECM 模型 [见式（2）]。式（2）表明，PESA1 与 CPISA1 之间的长期稳定关系是由二者间的相互影响带来的，所以股票价格与物价之间存在较强的相互传导关系。股票价格与产出关系说明，在过渡时期股票价格与实际经济运行的关系不大，所以股票价格渠道在股票价格—宏观经济的环节也存在严重的渠道不畅通问题；但其与价格运行存在的关联说明随着股票市场的发展，股票价格的变化会通过物价而影响宏观经济，反之价格总水平的变化也会带来股票价格的变化。

双变量分析揭示出，过渡阶段还没有形成政策变量—股票价格—宏观经济的传导链条，股票价格渠道存在严重的渠道阻塞的问题，货币政策难以通过这一途径来发挥作用。也由于这一传导链条的缺失，对过渡阶段股票渠道效应进行动态分析没有意义。

第三节　间接调控阶段实证

一　双变量的协整检验与 VECM 模型分析

所有变量都是 I（1）序列，可以对政策变量与股票价格，以及股票价格与宏观经济变量之间进行双变量协整检验，检验结果见表 10 - 3。

表 10 - 3　　　　　　　双变量协整检验（滞后期 = 2）

变量	特征值	轨迹统计值	5% 的显著性水平	原假设 H_0
M1SA2，PESA2	0.3810 0.0309	70.6003 5.2619	19.96 9.24	None At most 1

变量	特征值	轨迹统计值	5% 的显著性水平	原假设 H₀
DRSA2，PESA2	0.1216 0.0322	23.2308 4.6910	19.96 9.24	None At most 1
MRSA2，PESA2	0.1297 0.0273	17.6128 4.5378	15.41 3.76	None At most 1
PESA2，RYSA2	0.2158 0.0294	50.3294 5.1586	19.96 9.24	None At most 1
PESA2，CPISA2	0.1493 0.0121	32.7678 3.0061	19.96 9.24	None At most 1

协整检验表明，货币供应、贷款利率、货币市场利率与股票价格之间均存在一个协整关系，说明货币政策变量与股票价格之间存在相互依存关系。为进一步判断这种依存关系的传导机制，根据协整关系建立 M1SA2 和 PESA2〔见式（3）〕、DRSA2 和 PESA2〔见式（4）〕、MR-SA2 与 PESA2〔见式（5）〕的 VECM 模型。

$iPESA2 = -0.0436 \times ecm + 0.0942 \times iPESA2(-1) + 0.2164 \times iPESA2(-2) + 0.055 \times iM1SA2(-1) + 0.3366 \times iM1SA2(-2) - 0.0023$

$iM1SA2 = 0.0026 \times ecm + 0.0412 \times iPESA2(-1) + 0.0222 \times iPESA2(-2) - 0.1741 \times iM1SA2(-1) + 0.0399 \times iM1SA2(-2) + 0.0139$

其中，$ecm = PESA2(-1) - 0.3392 \times M1SA2(-1) - 2.0952$

$$(3)$$

$iDRSA2 = -0.0553 \times ecm + 0.2122 \times iDRSA2(-1) + 0.0842 \times iDRSA2(-2) - 0.009 \times iPESA2(-1) + 0.0544 \times iPESA2(-2) - 0.0014$

$iPESA2 = -0.0132 \times ecm + 0.1186 \times iDRSA2(-1) - 0.372 \times iDRSA2(-2) + 0.069 \times iPESA2(-1) + 0.2066 \times iPESA2(-2) + 0.002$

其中，$ecm = DRSA2(-1) - 0.2307 \times PESA2(-1) - 0.0337$

$$(4)$$

$iPESA2 = -0.0011 \times ecm + 0.0847 \times iPESA2(-1) + 0.1996 \times iPESA2(-2) + 0.0234 \times iMRSA2(-1) - 0.0632 \times iMRSA2$

（－2）＋0.0023

　　$iMRSA2 = 0.0587 \times ecm - 0.1337 \times iPESA2$（－1）＋0.1431 × *iPE-SA2*（－2）－0.1676 × *iMRSA2*（－1）－0.1089 × *iMRSA2*（－2）－0.006

　　其中，$ecm = PESA2$（－1）－1.5194 × *MRSA2*（－1）－6.1642

（5）

　　由式（3）可知，M1SA2 与 PESA2 之间长期均衡关系主要由货币供应量对股票价格的影响而引起的；由式（4）得知，DRSA2 和 PESA2 之间的长期均衡关系是由贷款利率对股票价格的相互影响而引起的；由式（5）得知，MRSA2 和 PESA2 之间的长期均衡关系主要是由货币市场利率对股票价格的影响而引起的。这说明随着金融系统的多元结构演进的深化，股票市场与其他金融市场之间已经有着紧密的联系，股价和其他金融变量之间的联结机制也开始形成，股票价格渠道在货币政策实施—股票价格的传导环节所存在的渠道阻塞问题得到了缓解，中央银行可以通过对货币供应和利率的调节来影响股价。

　　表 10 - 2 显示，PESA2 和 RYSA2、PESA2 和 CPISA2 之间也都存在一个协整关系，说明股价和宏观经济变量之间也存在长期的依存关系。根据协整关系，可以建立 PESA2 和 RYSA2［见式（6）］、PESA2 和 CPISA2［见式（7）］的 VECM 模型。

　　$iPESA2 = -0.0016 \times ecm + 0.0851 \times iPESA2$（－1）＋0.1848 × iPESA2（－2）＋0.086 × iRYSA2（－1）－0.1872 × iRYSA2（－2）

　　iRYSA2）＝－0.0052 × ecm + 0.036 × iPESA2（－1）－0.0196 × iPESA2（－2）－0.2938 × iRYSA2（－1）－0.0903 × iRYSA2（－2）

　　其中，ecm ＝ PESA2（－1）－0.0574 × RYSA2（－1）－9.8587

（6）

　　iCPISA2 ＝－0.0027 × ecm + 0.025 × iCPISA2（－1）＋0.071 × iCPISA2（－2）－0.0033 × iPESA2（－1）＋0.0009 × iPESA2（－2）

　　iPESA2 ＝ 0.0105 × ecm + 1.5159 × iCPISA2（－1）－0.953 × iCPI-SA2（－2）＋0.0748 × iPESA2（－1）＋0.2206 × iPESA2（－2）

　　其中，ecm ＝ CPISA2（－1）－1.6991 × PESA2（－1）＋7.6091

（7）

　　根据式（6）得知 PESA2 和 RYSA2 之间长期均衡关系是由股票价格和收入的相互影响而引起的；根据式（7）得知 PESA2 和 CPISA2 之间的长期均衡关系主要是由股票价格对物价的影响而引起的。这些在一定程度上说明，股票价格与宏观经济变量之间的联结较之过渡阶段更紧密，货币政策的股票价格渠道阻塞问题也得到一定的缓解。

　　双变量分析初步揭示在间接调控阶段，存在着货币政策变量—股票价格—宏观经济变量的传导过程。为了进一步分析货币政策股票市场传导机制的数量效应，需要构建由 DRSA2、MRSA2、M1SA2、PESA2、RYSA2、CPISA2 多元时间序列变量组成的 VAR 系统，通过脉冲响应和方差分解的方法来分析这一渠道的动态效应。

二　脉冲响应函数与方差分解分析

　　根据双边量分析揭示货币政策股票市场传导机制中变量间作用机制的关系，建立以下 VAR 系统：

$$Y_t = A （L） Y_{t-1} + \varepsilon_t$$

Yt = ［M1SA2t，MRSA2t，DRSA2t，PESA2t，RYSA2t，CPISA2t］

先采取 Johansen 多变量协整检验对以上变量进行协整检验，检验结果见表3，表明协整关系存在，可以建立 VAR 系统。

表 10 - 4　　　　　　　　多变量协整检验（滞后期 = 2）

变　量	特征值	轨迹统计值	1% 显著性水平	原假设 H₀
M1SA2，MRSA2，DRSA2，PESA2，RYSA2，CPISA2	0.4340	193.1635	111.01	None
	0.3325	100.5533	84.45	At most 1
	0.1709	26.5591	60.16	At most 2

1. 脉冲响应函数分析

　　在以上 VAR 系统基础上，对股票价格、产出和物价进行脉冲响应分析。股票价格的脉冲响应分析，主要目的在于分析货币政策对股价的影响，所以给予 VAR 系统中各货币政策变量一个标准差大小的冲击，股票价格的脉冲响应函数轨迹如图 10 - 1 所示。产出、物价的脉冲响应分析，主要目的在于分析股票价格对宏观经济的影响，所以给予 VAR 系统中股票价格一个标准差大小的冲击，产出的脉冲响应函数轨迹如图 10 - 2（a）所示，而物价的脉冲响应函数轨迹如图 10 - 2（b）所示。

由图 10 - 1 得知，来自 M1SA2 的冲击，在 1—4 个月引起 PESA2 的响应度基本为 0.0055，之后逐步下降，到第 16 个月降为 0，说明货币供应的增加会较快地引起股价的上升，且影响持续时间较长。来自 DRSA2 的冲击，在第 1 个月引起 PESA2 正向响应，响应度为 0.0075，之后逐渐变小，到第 6 个月转为负向响应，说明股价先随利率上升而上升，直到 6 个月后股价才下降。而 MRSA2 的冲击只在第 1 个月引起 PESA2 的微弱负向响应，之后即转为正向响应，说明货币市场利率上升只能在很短的时间内导致股票价格的下降。所以，货币政策经由利率向股票价格的传导虽然有所改善，但是或作用很有限，或时滞较长。究其原因，一是可能由于我国近年来将利率政策作为维持股市稳定的常规政策，在股市过热时提高银行存贷款利率，在股市低迷市降低银行存贷利率，这使得投资者形成了相对理性的预期，利率调整往往不能或仅能在很短的时间中按政策意图实现对股价的调整。二是存贷款利率属于管制利率，还不能真正反映资金市场的供求关系，也就难于正确地引导股票价格的变化。三是我国股票市场与货币市场相对分离，所以在两个市场价格之间尚未形成高效的联结机制。从以上股票价格对政策变量冲击的响应看，间接调控阶段的股票价格传导渠道在金融变量之间的传导效应还是比较弱的。

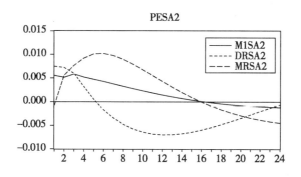

图 10 - 1　股票价格对各货币政策变量冲击的响应

由图 10 - 2 （a） 得知，来自股票价格的冲击只能引起产出负向响应，说明股票价格的上涨并不能刺激产出增长，可以说我国股票市场传导渠道的产出效应是不符合理论结论的。根据货币政策股票市场传导机制理论，只有股票市场能高效运转而成为投融资的重要场所时，股票价格才能通过托宾"q"效应、资产负债渠道效应对企业投资支出发挥影响，才能通过财富效应和流动性效应引导消费支出。而我国股票市场存在严重的制度缺陷和结构失衡问题，使得它基本上只是个投机场所而不是投资场所，股价引导消费和投资的各种效应不能得到有效的发挥，股票市场的产出效应呈现负效应也就不足为奇了。由图 10－2（b）得知，来自股票价格的冲击引起了显著的、持续的价格正向响应，说明股票价格对物价水平有着重要的影响力，实现股票价格稳定是实现物价稳定的必然要求。

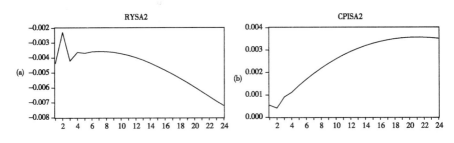

图 10－2　产出、物价对股票价格冲击的响应

2. 方差分解分析

在 VAR 系统基础上，还可以通过方差分解来揭示系统内各因素对股票价格、产出、物价的影响程度。股票价格的方差分解见图 10－3，而产出和物价的方差分解分别见图 10－4（a）和图 10－4（b）。

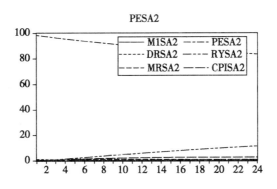

图 10－3　股票价格的方差分解结果

由图 10－3 得知，股票价格的主要决定因素是自身的滞后变量和宏观经济变量，而三个政策变量的影响都达不到 2%，说明在间接调控阶段，货币政策虽能影响股票市场价格，但不是主要的影响因素，再次证明了股票市场传导渠道在金融变量之间的传导效应还是比较弱的。

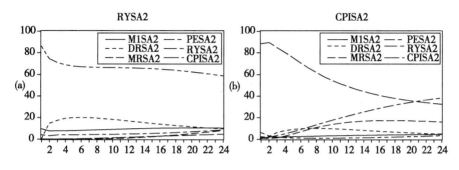

图 10 - 4　产出、物价的方差分解

由图 10 - 4（a）得知，产出的主要决定因素依次是自身的滞后变量、货币供应量和贷款利率，货币市场利率和股票价格对产出的影响力较小，这与脉冲响应分析的结论相符合。由图 10 - 4（b）得知，物价的主要决定因素依次是自身的滞后变量、股票价格和利率，这进一步证实了股票价格是物价的重要影响因素。

第三节　两阶段实证结果的比较分析

比较两个阶段股票价格渠道传导效应的实证结果，得到下面主要结论：

第一，股票价格渠道的传导效应在间接调控阶段显著提高。过渡期实证结果表明，股票价格渠道在货币政策实施—股票价格，以及股票价格—宏观经济两个环节均存在严重的渠道阻塞问题，股票价格渠道还不能在货币政策传导机制中发挥作用。而间接调控阶段实证结果则表明，货币政策实施—股票价格—宏观经济的传导链条已经形成，股票价格渠道开始成为货币政策影响实际经济的途径之一。

第二，间接调控阶段，股票价格渠道虽开始发挥传导作用，但总体效力还比较弱。这一方面表现在货币供应、利率等政策变量向股票价格传导的环节，在多变量的 VAR 模型的动态效应分析中则显示，货币供应对股票价格影响时滞短但影响程度较弱，而利率对股价的影响需要的时滞较长，股票市场传导渠道在金融变量之间的传导效应较弱。另一方面表现在股票价格向产出传导的环节，多变量 VAR 模型的动态效应表明股价冲击对产出影响的时间短而且幅度小，在长期和短期对产出方差的贡献度都较小，说明货币政策经由股票价格向产出的传导效应还比较弱。所以要提高货币政策股票市场传导机制的效应，一方面要推进利率市场化改革，构建高效联系的货币市场和资本市场，提高政策在金融变量间的传导效应；另一方面要大力发展资本市场，通过制度建设完善市场结构，发挥股票市场的投融资功能，加强股票价格对投资、消费的引导作用。

第三，股票价格是价格的重要影响因素。在过渡阶段的实证中，可以看出股价与物价之间存在协整关系，而且二者的 VECM 模型表明存在双向的影响机制。而间接调控阶段的实证分析，同样也显示二者之间存在紧密的联系，两变量协整和 VECM 模型分析结果都显示存在着由股票价格到物价的传导机制；基于多变量 VAR 系统的脉冲响应和方差分解进一步动态地说明了股票价格对物价有着重要影响。股票价格与物价间的高度相关性，要求货币当局在政策设计中必须将股票价格波动因素考虑进来，才能更好地通过货币政策的运用来为经济增长提供稳定的货币和金融环境。

第十一章

研究总结与建议

根据前文关于中国金融结构演进中货币传导机制变迁的研究，本章对全书研究内容进行概括，总结主要的结论、提出相关的建议，并分析研究的局限性和研究展望。

第一节　研究总结

一　各章内容的概况

第一章首先提出问题，对相关研究进行述评，总结研究的意义。在此基础上，对本书框架结构、章节安排与主要内容、研究方法等进行了介绍，最后归纳了研究的基本结论和主要创新点。

第二章梳理了金融理论研究的发展脉络，从理论角度指出，随着人们对金融内涵的认识逐步提高，从系统角度来认知和研究金融是当代金融研究中的新趋势。鉴于这一研究趋势，以系统科学为指导思想，对金融系统内涵、环境、结构和功能进行了界定。

第三章把金融系统的发生、发展分成创生和初步发育期、近代系统化发展期和现代复杂金融系统时期三个阶段，总结了各个阶段金融系统结构和功能上的特点，为分析金融系统结构演进中货币传导机制理论的变迁奠定基础。

第四章根据金融系统的结构演进来考察货币传导机制理论研究范式的转变，从理论角度揭示了金融系统结构演进在货币传导机制变迁中的决定作用，并对各种渠道的货币传导机制理论进行综合评述，分析每一渠道赖以发挥作用的金融系统结构基础，为分析中国金融系统结构演进中货币传导机制的变迁奠定理论基础。

第五章采用一般描述的方式对美、英、德、日四国金融系统结构演进中货币政策及其传导机制进行了总结，分析了各国货币政策实践中，金融系统结构演进对货币政策传导各环节，包括工具、目标和中介目标等的具体影响，进一步揭示出金融系统结构演进对货币传导机制的变迁具有决定性影响。

第六章梳理新中国金融系统由无到有、由单一结构向多元结构的演进历程，总结不同演进时期的结构特点，并预测我国金融系统未来发展的前景。

第七章从历史视角考察在不同金融系统结构演进时期中国货币政策运用的情况，分析金融系统结构演进对货币传导机制在调控方式、管理目标系统和组织系统、传导渠道上的影响。

第八章以第七章为基础，根据对金融系统结构演进中货币政策传导机制变迁的时点划分，比较分析单一结构的金融系统时期和多元结构的金融系统时期银行贷款渠道的传导效应；比较分析多元结构金融系统时期，货币政策在直接调控阶段和间接调控阶段银行贷款渠道的传导效应。

第九章以第七章为基础，根据对金融系统结构演进中货币政策传导机制变迁的时点划分，比较分析多元结构金融系统时期，货币政策在直接调控阶段和间接调控阶段利率渠道的传导效应。

第十章以第七章为基础，根据对金融系统结构演进中货币政策传导机制变迁的时点划分，比较分析多元结构金融系统时期，货币政策在直接调控阶段和间接调控阶段股票价格渠道的传导效应。

二　主要结论

本书沿着新中国成立以来金融系统结构演进的脉络，对货币政策传导机制变迁的历史沿革和传导效应进行了系统的研究，得出以下结论：

1. 金融系统是经济系统的子系统，是由货币资金、各种金融工具、金融中介和金融市场、各种金融规制和金融活动参与者构成的有机整体。根据决定金融系统结构的主要组分——金融机构和金融市场发展状况和相互关系，以及金融系统结构的宏观功能的变化，可以将金融系统结构演进分为早期的创生和初期发育时期、近代的系统化发展时期和现代的复杂巨系统时期。金融系统结构的复杂演进提升了金融系统在经济运行中的影响力，也改变了人们对金融与经济关系的认识。货币传导机制理论研究范式由忽视金融系统结构到重视金融系统结构的转变，正是金融系统结构演进对货币传导机制影响的理论表现。

2. 现代货币传导机制理论包括多种渠道的传导理论，每一渠道理论都是建立在一定的金融系统结构基础上，金融系统结构决定了货币传导机制的性质，随着一国金融系统结构的演进，在不同时期货币传导机制的作用机理、传导效应都会随之变化。在以复杂多元为演进特点的现代金融系统结构中，货币政策是通过利率渠道、信贷、资产价格等多元渠道来影响实际经济的，要提高货币政策传导的效力就需要根据一国金融发展的实际，有步骤地优化金融系统结构，完善货币传导机制。

3. 新中国成立以来，中国金融系统经历了由单一结构到多元结构的演进。虽然在结构演进中一直具有银行金融机构主导的路径依赖，但近年来综合经营的尝试以及推进结构演进的各方动力都决定了以银行为主导的金融机构与资本市场的协调发展是中国金融系统结构演进的新路径。

4. 随着金融系统由单一结构向多元结构的转型，中国货币政策传导机制在调控方式上由直接转向间接，在管理目标系统中政策工具与中介目标实现了分离，在组织系统中金融市场和金融机构成为必不可少的传导载体，在传导渠道上银行贷款、利率、股票价格等多元渠道替代了单一银行贷款渠道，金融系统结构在货币政策传导中具有了实际的意义。

5. 虽然金融系统实现了多元转型，但银行金融机构始终处于中国金融系统的主导地位，这种结构演进特点决定了银行金融机构在货币政策传导中扮演了最为重要的角色，决定了银行贷款渠道不仅是单一金融系统时期货币传导的唯一途径，也是多元金融系统时期货币传导的最主要的途径。

6. 当前中国金融正沿着以银行为主导的金融机构与资本市场的协调发展路径演进为结构更为复杂多元的开放系统，这意味着虽然银行贷款渠道仍然是货币传导的主渠道，但利率、资产价格、汇率等渠道的作用将会越来越明显，最终会成为中国货币政策传导的主要渠道。

7. 根据对单一结构的金融系统时期和多元结构的金融系统时期的银行贷款渠道传导效应的实证比较，证实了金融系统结构的演进带来了银行贷款渠道效应的改变，银行贷款渠道的产出和价格效应提高了。

8. 根据对多元结构的金融系统时期，货币政策调控方式的过渡阶段和间接调控阶段银行贷款渠道效应的实证比较，证实了两阶段银行贷款渠道的传导效应发生了变化：在间接调控时期，银行贷款渠道的产出效应提高了，价格效应在短期弱化而在长期则提高了。说明金融结构的多元演进和货币政策调控方式的转变在一定程度上疏通了银行贷款渠道。

9. 根据对多元结构的金融系统时期，货币政策调控方式的过渡阶段和间接调控阶段利率渠道效应的实证比较，证实了两阶段利率渠道的链条机制和传导效应发生了变化。在过渡时期货币政策的利率渠道仅表现为中央银行调整金融机构存贷款基准利率—货币供应总量和宏观经济变量的链条机制；而在间接调控时期除了上面这一链条机制外还表现为中央银行货币政策操作—货币市场利率—宏观经济变量。从传导效应来说，间接调控时期，货币政策利率渠道的产出效应和物价效应在短期得到改善，一方面说明利率市场化改革的深化和调控方式的转变在一定程度上疏通了利率渠道，另一方面也说明管制利率的存在，割裂了货币市场利率与贷款利率的联结，这是利率渠道效应较弱的主要原因。

10. 根据对多元结构的金融系统时期，货币政策调控方式的过渡阶段和间接调控阶段股票价格渠道效应的比较分析，证实了在间接调控时期股票价格渠道的传导效应显著提高，但这一渠道的总体效力还较弱。

11. 通过对各渠道效应分时期和阶段的实证分析，揭示出银行贷款、货币供应量、利率、股票价格等金融变量与宏观经济变量之间都存在密切的联系，但相比较来说，银行贷款、货币供应量与产出的关系更为密切，而货币供应量、利率、股票价格与物价的关系更为密切。而且从冲击响应方向、响应时滞和响应的稳定性来说，货币供应相对优于其他金融变量。所以货币供应量仍是当前中介目标的最好选择，但鉴于现阶段传导机制的多元化，货币当局也需要在政策实施过程中密切关注银行贷款、利率和股票价格等金融变量的变化。

第二节　相关建议和研究展望

一　相关建议

通过历史沿革和实证检验，揭示出中国金融系统结构由无到有、由单一向多元的演进，金融结构在货币政策传导中的影响力越来越大，带来了货币政策传导机制的变迁，改变了货币政策传导的渠道效应；同时也揭示出，当前金融系统结构上存在的不合理问题是阻碍货币传导机制各渠道效力发挥的主要原因。所以要提高完善中国货币政策传导机制，提高货币政策宏观调控的效力，一方面要求根据中国金融发展的实际，有步骤地优化金融系统结构，提升金融整体的功能；另一方面要根据我国金融系统结构演进的当前特点和未来趋势，适当地调整货币政策传导的目标系统。

1. 进一步发挥政府在金融系统结构转型中的推动力量，同时积极鼓励金融机构通过金融创新发挥适应性，共同实现中国金融系统结构的优化和功能的提升。在我国金融系统结构演进中，政府一直扮演着总策划师的角色。虽然30多年的改革开放极大地降低了我国经济系统和金融系统运行的行政性特点，提高了其市场化程度，但政府推动仍是现在和未来一段时间中金融系统结构演进的主要动力。但作为一个复杂系统，金融系统的结构归根结底是"人之行动而非人之设计的结果"，即它是人参与金融活动的结果，但不意味它可以按人的意图来设计并实现，它的结构和演化归根结底是由系统内部的力量互动创造的"自发秩序"。这一特征决定了市场投融资者的现实需求诱致下的结构演进才能真正实现金融系统结构与环境的协调发展，才能推进金融系统在宏观经济中功能的提升和涌现。所以，随着我国金融系统及其环境市场化程度的不断提高，政府主导将会逐步淡化，市场竞争的力量必然逐渐成为金融系统结构演进的主导力量。这就要求政府一方面有步骤地淡出金融系统结构变迁总策划岗位，将更多的精力放在金融规制的健全上，来为居民、企业和金融组织的活动创造优良的金融运行环境；另一方面给予金融机构在业务经营、价格确定上更多的自主权，大力鼓励金融机构根据市场需求进行金融创新，发挥这一金融系统最具适应性的参与者的能动性。将政府的推动和市场需求的诱导两方面的动力结合起来，这样才能真正实现中国金融系统结构的优化。

2. 大力发展非国有中小金融机构，进一步打破国有控股银行垄断信用领域的状况，提高银行贷款渠道的传导效应。现阶段银行贷款渠道仍是中国货币政策传导的主要渠道，但由于金融机构在结构发展上的不平衡，在一定程度上影响了这一渠道的传导效应。一方面国有控股银行垄断金融的结构特点决定了中国银行贷款渠道主要依赖于国有控股银行传导，然而国有控股银行的放款对象是资金相对充裕、融资渠道多元化的大型企业；另一方面中小金融机构严重发展不足，中小企业融资困难。这种矛盾的现状要求在促进国有控股银行转变经营方式，积极开展面向中小企业的信贷和金融服务的同时，建立真正为中小企业服务的规范化非国有中小金融机构，来解决中小企业融资难问题。引入为中小企业服务的金融机构，既是提升金融系统总体功能的结构优化措施，也是进一步提高货币政策银行贷款渠道的传导效应的有效途径。

3. 拓展金融市场广度和深度，加强金融各子市场的联系，强化货币政策传导的市场载体。金融市场的快速发展是现阶段我国金融系统结构演进的亮点，银行为主导的金融中介与资本市场协同发展正成为中国金融系统结构演进的模式，这意味利率渠道与资产价格渠道将成为我国货币政策的重要渠道。而现阶段这两种传导渠道不畅通，主要是因为金融市场规模较小、结构失衡造成的。所以要完善利率渠道和资产价格渠道发挥作用的金融系统结构基础，就必须拓展金融市场的广度与深度，加强金融各子市场的联系，强化货币政策传导的市场载体。具体来说，需要引导货币市场均衡发展，尤其是大力发展票据市场，丰富票据市场交易工具，扩大票据市场容量，拓展市场的深度和广度，强化货币政策的市场化操作和传导的载体；加快利率市场化改革，进一步放松对商业银行存贷款利率的管制，建立合理的利率结构，疏通利率与产出、物价，以及利率与股价之间的联结渠道；进一步规范股票市场发展，弱化股票市场的圈钱功能而强化股票市场的资源优化配置功能，逐步强化股票价格在货币传导机制中的作用；进一步推进金融业综合经营，引导金融机构通过多种方式有序地参与货币市场和资本市场，培育和壮大交易主体，构建货币市场与资本市场的高效联系，为整个金融市场有效传导货币政策创造条件。进一步实施金融开放，有步骤地推进人民币汇率制度的改革，提高货币政策的独立性，为货币政策的汇率渠道建立金融结构基础。

4. 规范企业和居民等微观金融活动参与者的行为，提高其对货币政策反应的灵敏度。企业、居民是金融系统的构成要素之一，货币政策要影响到产出、物价等宏观经济变量，也取决于企业、居民对货币、信贷、利率、股价等金融变量变化的反应。加快企业改革，建立财产的独立性和产权明晰化的现代企业制度，逐步改变企业的资产负债结构，增加企业的债务性资本，增加企业自我积累、自我补充资金的能力，降低企业非正常负债，确立其对金融环境变化的弹性反应。拓展多样化的储蓄方式，改变居民储蓄过度依赖银行存款的现状，引导居民合理选择财富的资产形式；积极发展消费信贷，鼓励居民敢于适当超前消费，提高居民对利率、股价等金融变量的灵敏度。

5. 中央银行在政策目标系统的选择上，要根据金融系统结构的演进趋势和传导机制变迁的事实适当地做出调整。随着金融系统结构的转型，货币政策的调控方式由直接调控到以直接调控为主、间接调控为辅，再到以间接调控为主，货币市场和金融机构在货币传导中的载体作用越来越突出，货币政策目标系统也与此相适宜，经历了由贷款规模到货币供应量的转变。现阶段不少国内学者提出应该以利率取代货币供应量作为货币政策的中间目标，然而本书的结构分析和实证检验都说明货币供应量仍是现阶段中国货币政策中间目标的最好选择。但鉴于中国金融系统结构未来演进的模式，利率、股价等价格型金融变量必然在货币传导中发挥主要作用，所以有必要根据金融市场发展的进程在未来再次调整货币政策中介目标，建立以利率为核心的多元中介目标体系。

二　研究的局限性和展望

本研究在基于中国金融系统结构演进的时期划分和货币调控方式转变的阶段划分的基础上，采用结构分割点的方法，运用了协整、格兰杰因果或 VECM 模型分析了双变量的依存、影响或传导关系，进而运用多变量的 VAR 分析法对各传导渠道的动态效应进行了实证比较，而没有采用代表结构变迁的代理变量和结合结构模型技术进行实证，这是本研究的局限。

在本研究的基础上，可以根据各时期、各阶段金融系统结构演进的特点，引入代表金融资产结构指标、金融机构集中和垄断程度指标、资本市场和银行金融机构竞争与融合指标、金融市场各子市场联结程度指标进一步对货币传导机制的渠道效应进行比较分析。还可以基于金融系统微观结构的变化，例如中央银行的资产负债结构、银行金融机构的资产负债结构、企业融资结构以及家庭资产负债结构的变化等，来分析其对货币传导机制的影响。

参 考 文 献

1. Adam Elbourne and Jakob de Haan, "Financial Structure and Monetary Policy Transmission in transition countries", *Journal of Comparative Economics*, Vol. 34, 2006.

2. Alexandros Kontonikas and Christos Ioannidis, "Should Monetary Policy Respond to Asset Price Misalignments?", *Economic Modeling*, Vol. 22, 2005.

3. Allen N. Berger and Loretta J. Mester, "Inside the Black Box: What Explains Differences in the Efficiencies of Financial Institutions?", *Journal of Banking and Finance*, Vol. 21, 1997.

4. Aaron N. Mehrotra, "Exchange and Interest Rate Channels During a Deflationary Era- Evidence from Japan, Hong Kong and China", *Journal of Comparative Economics*, Vol. 35, 2007.

5. Anil K. Kashyap and Jeremy C. Stein, "What Do a Million Banks Have to Say about the Transmission of Monetary Policy?", *NBER WP*1997/6056.

6. Arturo Estrella and Frederic S. Mishkin, "Is There a Role for Monetary Aggregates in the Conduct of Monetary Policy?", *NBER WP* 1996/5845.

7. Bennett T. McCallum, "Analysis of the Monetary Transmission Mechanism: Methodological Issues", *NBER WP* 1999/7395.

8. Ben S. Bernanke, "Nonmonetary Effects of the Financial Crisis in the Propagation of the Great Depression", *American Economic Review*, Vol. 73, No. 3, Jun. 1983.

9. Ben S. Bernanke, "Alternative Explanations of the Money-Income Cor-

relation", *Carnegie-Rochester Conference Series on Public Policy*, Vol. 25, 1986.

10. Ben S. Bernanke and Mark Gertler, *Banking and Macroeconomic Equilibrium in New Approaches to Monetary Economies*, NewYork: Cambridge University Press, 1987.

11. Ben S. Bernanke and Alan S. Blinder, "Credit, Money, and Aggregate Demand", *American Economic Review*, Vol. 78, No. 2, 1988.

12. Ben S. Bernanke and Alan S. Blinder, "The Federal Funds Rate and the Channels of Monetary Transmission", *Amerian Economic Review*, Vol. 82, 1992.

13. Ben S. Bernanke, "Credit in the Macroeconomy", *Quarterly Review*, *Federal Reserve Bank of New York*, 1993 (spring).

14. Ben S. Bernanke, Mark Gertler and Simon Gilchrist, "The Financial Accelerator and the Flight to Quality", *NBER WP* 1994/4789.

15. Ben S. Bernanke and Mark Gertler, "Inside the Black Box: The Credit Channel of Monetary Policy Transmission", *Journal of Economic Perspectives*, Vol. 9, No. 4, 1995.

16. Ben S. Bernanke and Ilian Mihov, "The Liquidity Effect and Long-Run Neutrality", *NBER WP* 1998/6608.

17. Ben S. Bernanke, Jean Boivin and Piotr Eliasz, "Measuring the Effects of Monetary Policy: A Factor-Augmented Vector Autoregressive (FAVAR) Approach", *NBER WP* 2004/10220.

18. Ben S. Bernanke and Frederic S. Mishkin, "Inflation Targeting: A New Framework for Monetary Policy?", *NBER WP* 1997/5893.

19. Carlo A. Favero, Francesco Giavazzi and Luca Flabbi, "The Transmission Mechanism of Monetary Policy in Europe: Evidence from Banks' Balance Sheets", *NBER WP* 1999/7231.

20. Cecchetti, S., Genberg, H., Lipsky, J. and Wadhwani, S., "Asset Prices and Central Bank Policy", London: *International Centre for Monetary and Banking Studies* (2000).

21. Duo Qin, Pilipinas Quising, Xinhua He and Shiguo Liu, "Model-

ing Monetary Transmission and Policy in China", *Joural of Policy Modeling*, Vol. 27, 2005.

22. Era Dabla-Norris and Holger Floerkemeier, "Transmission Mechanism of Monetary Policy in Armenia: Evidence from VAR Analysis", Washington: *IMF WP 2006/248* .

23. Edward Nelson, "Money and the Transmission Mechanism in the Optimizing IS-LM Specification", *The Federal Reserve Bank of ST. Louis WP* 2003/019.

24. Ebson Uanguta and Sylvanus Ikhide, "Monetary Policy Transmission Mechanism in Namibia", *BON WP 2002/2*.

25. Friedman B. M. , "A Theoretical Framework for Monetary Analysis", *University of Chicago Press in its journal Journal of Political Economy*, Vol. 78, 1970.

26. Friedman, B. M. and K. Kuttner, "Money, Income, Prices, and Interest Rates", *American Economic Review*, Vol. 3, 1992.

27. Goodhart, C. and Hofmann, B. , "Financial Variables and the Conduct of Monetary Policy", *Sveriges Riksbank WP 2000/12*.

28. Goodhart, C. , Hofmann, B. , "Asset Prices, Financial Conditions, and the Transmission of Monetary Policy", *Paper Presented at the Conference on "Asset Prices, Exchange Rate, and Monetary Policy"*, Stanford University (March 2001).

29. Ian Christensen and Ali Dib, "Monetary Policy in an Estimated DSGE Model with a Financial Accelerator", *Bank of Canada WP2006/9*.

30. John B. Taylor, " The Monetary Transmission Mechanism: An Empirical Framework", *Journal of Economic Perspectives*, Vol. 9, No. 4 (Autumn), 1995.

31. Jean Fares and Gabriel Srour, "The Monary Transmission Mechanism at the Sectoal Level", *Bank of Canada WP 2001/27*.

32. Jess Benbabib and Roger E. A. Farmer, "The Monetary Transmission Mechanism", *Review of Economic Dynamics*, Vol. 3, No. 2, 2000.

33. Jeremy C. Stein, "An Adverse Selection Model of Bank Asset and Li-

ability Management with Implications for the Transmission of Monetary Policy", *NBER WP* 1995/5217.

34. Joseph Atta-Mensah and Ali Dib, "Bank Lending, Credit Shocks, and the Transmission of Canadian Monetary Policy", *Bank of Canada WP* 2003/9.

35. Kashyap, A. and Stein J. , "The Role of Banks in Monetary Policy: A Survey with Implications for the European Monetary Union", *Federal Reserve Bank of Chicago Economic Perspectives* (1997): 2 – 18.

36. Luisa Farinha and Carlos Robalo Marques, "The Bank Lending Channel of Monetary Policy: Identification and Estimation Using Portuguese Micro Bank Data", *Frankfurt: ECB WP* 2001/102.

37. Leonce Ndikumana, "Financial Development, Financial Structure, and Domestic Investment: International Evidence", *Journal of International Money and Finance*, Vol. 24, 2005.

38. Mark Gertler, "Financial Structure and Aggregate Activity: an Overview", *Journal of Money, Credit and Banking*, Vol. 20, 1988.

39. Mark Gertler, Simon Gilchrist and Fabio Natalucci, "External Constraints on Monetary Policy and the Financial Accelerator", *NBER WP* 2003/10128.

40. McCallum, B. , "Should Monetary Policy Respond Strongly to Output Gaps?", *American NBER WP* 2001/8226.

41. McCallum, B. and Nelson, E. , "An Optimizing IS-LM Specification for Monetary Policy and Business Cycle Analysis", *Journal of Money, Credit and Banking*, Vol. 31, 1999.

42. Mishkin, Frederic S. , "The Real Rate of Interest: an Empirical Investigation, Carnegie-Rochester Conference Series on Pulicy Policy", *The Cost and Consequences of Inflation*, Autumn, No. 15, 1981.

43. Mishkin, Frederic S. , "Symposium on the Monetary Transmission Mechanism", *Journal of Economic Perspectives*, Vol. 9, 1995.

44. Mishkin, Frederic S. , "International Experiences with Different Monetary Policy Regimes", *NBER WP* 1999/6965.

45. Mishkin, Frederic S., "The Transmission Mechanism and the Role of Asset Prices in Monetary Policy", *NBER WP* 2001/8617.

46. Michael Ehrmann and Andreas Worms, "Interbank Lending and Monetary Policy Transmission: Evidence For Germany", *Deutsche Bundesbank Discussion Paper* 11/01, July, 2001.

47. Stephen P. Millard and Simon Wells, "The Role of Asset Prices in Transmitting Monetary and Other Shocks", *Bank of England WP* 2003/188.

48. Sims, C. A., "Interpreting the Macroeconomic Time Series Facts: the Effects of Monetary Policy", *European Economic Review*, No. 36, 1992.

49. Starr, M., "Does Money Matter in the CIS? Effects of Monetary Policy on Output and Prices", *Journal of Comparative Economics*, No. 33, 2005.

50. Stephen D. Oliner and Glenn D. Rudebusch, "Is There a Broad Credit Channel for Monetary Policy?", *FRBSF Economic Review*, No. 1, 1996.

51. Takatoshi Ito and Frederic S. Mishkin, "Two Decades of Japanese Monetary Policy and the Deflation Problem", *NBER WP* 2004/10878.

52. Tobin James, "Monetary Policies and the Economy: The Transmission Mechanism", *Southern Economic Journal*, No. 44, January, 1978.

53. Tushar poddar, Randa Sab and Hasmik Khachatryan, "The Monetary Transmission Mechanism in Jordan", *IMF WP* 2006/48.

54. Victor E. Li, "Household Credit and the Monetary Transmission Mechanism", *Federal Reserve Bank of ST. Louis WP* 1998/019.

55. 〔美〕A. H. 施图德蒙德:《应用计量经济学》, 王少平等译, 机械工业出版社 2003 年版。

56. 〔美〕爱德华·S. 肖:《经济发展中的金融深化》, 邵伏军等译, 中国人民大学出版社 2004 年版。

57. 〔美〕彼得·S. 罗斯:《货币与资本市场》, 陆军译, 中国人民大学出版社 2006 年版。

58. 〔美〕布鲁斯·坎普、斯科特·弗里曼:《构建货币经济学模型》, 刘阳等译, 中国金融出版社 2004 年版。

59. ［美］迪恩·克罗绍:《货币银行学》,吕随启译,中国市场出版社 2008 年版。

60. ［美］富兰克林·艾伦,道格拉斯·盖尔:《比较金融系统》,王晋斌等译,中国人民大学出版社 2002 年版。

61. ［美］杰格迪什·汉达:《货币经济学》,郭庆旺等译,中国人民大学出版社 2005 年版。

62. ［美］杰弗里·法兰克尔等:《美国 90 年代的经济政策》,徐卫宇等译,中信出版社 2004 年版。

63. ［美］卡尔·E. 沃什:《货币理论与政策》,周继忠译,上海财经大学出版社 2004 年版。

64. ［美］雷蒙德·W. 戈德史密斯:《金融结构与金融发展》,周塑等译,上海三联书店 1990 年版。

65. ［美］罗纳德·I. 麦金农:《经济发展中的货币与资本》,陈昕等译,上海三联书店 1997 年版。

66. ［美］罗伯特·S. 平狄克等:《计量经济模型与经济预测》,钱小军等译,机械工业出版社 2003 年版。

67. ［美］米什金:《货币金融学》,李扬等译,中国人民大学出版社 1998 年版。

68. ［美］马丁·舒贝克:《货币和金融机构理论》,王永钦译,上海三联书店 2006 年版。

69. ［美］约翰·G. 格利、爱德华·S. 肖:《金融理论中的货币》,贝多广译,上海三联书店 1994 年版。

70. ［美］约瑟夫·斯蒂格利茨、布鲁斯·格林沃尔德:《通往货币经济学的新范式》,陆磊等译,中信出版社 2005 年版。

71. ［美］詹姆斯·托宾、斯蒂芬·戈卢布:《货币、信贷与资本》,张杰等译,东北财经大学出版社 2000 年版。

72. ［美］伊滕·诚等:《货币金融政治经济学》,孙刚等译,经济科学出版社 2001 年版。

73. 北京天则经济研究所宏观经济课题组:《疏通传道渠道改善金融结构》,《管理世界》2001 年第 2 期。

74. 白钦先、谭庆华:《金融功能演进与金融发展》,《金融研究》

2006 年第 4 期。

75. 白钦先:《百年金融的历史变迁》,《国际金融研究》2003 年第
2 期。

76. 白钦先:《白钦先经济金融文集》,中国金融出版社 1999 年版。

77. 白钦先、李安勇:《试论西方货币政策传导机制理论》,《国际
金融研究》2003 年第 6 期。

78. 白钦先:《金融结构、金融功能演进与金融发展理论的研究历
程》,《经济评论》2005 年第 3 期。

79. 白钦先、赫国胜等:《赶超型国家金融体制变迁研究》,中国金
融出版社 2007 年版。

80. 巴曙松:《资本市场发展与金融结构调整——兼评银行业与证
券业的分离与融合》,《当代经济科学》1998 年第 1 期。

81. 博昭:《我国货币政策利率传导机制分析》,《经济论坛》2007
年第 13 期。

82. 蔡跃洲、郭梅军:《金融结构与货币传导机制——我国转型时
期的分析与实证检验》,《经济科学》2004 年第 3 期。

83. 程栋才:《中国融资结构的变迁研究》,《北方经济》2008 年第
12 期。

84. 曹伟、林燕:《中国货币政策有效性的实证研究:1984—
2004》,《金融与经济》2005 年第 7 期。

85. 陈平:《股票市场对货币政策传导机制影响的实证研究——基
于脉冲响应函数和方差分解的技术分析》,《北方经济》2008 年第 5 期。

86. 陈利平:《货币理论》,北京大学出版社 2003 年版。

87. 陈浪南等:《货币经济学研究》,中国财政经济出版社 2008
年版。

88. 陈作章:《日本货币政策问题研究》,复旦大学出版社 2005
年版。

89. 成家军:《资产价格与货币政策》,社会科学文献出版社 2004
年版。

90. 程霞珍:《我国货币政策传导机制探讨》,《华东经济管理》
2005 年第 4 期。

91. 戴根有等：《中国货币政策传导机制研究》，经济科学出版社2001年版。

92. 邓瑛、田来喜：《论中国货币政策的股票市场传导机制》，《华南金融研究》2003年第5期。

93. 董亮、胡海鸥：《中国货币政策资产价格传导效应的实证研究》，《社会科学辑刊》2008年第1期。

94. 范从来：《论通货紧缩时期货币政策的有效性》，《经济研究》2000年第7期。

95. 范从来等：《货币银行学》，南京大学出版社2003年版。

96. 樊明太：《金融结构及其对货币政策传导机制的影响》，《经济研究》2004年第7期。

97. 樊明太：《金融结构与货币传导机制——一个一般均衡框架的机理分析和实证研究》，博士学位论文，中国社会科学院，2003年。

98. 方先明、孙镟等：《中国货币政策利率传导机制有效性的实证研究》，《当代经济科学》2005年第7期。

99. 方显仓：《我国货币政策信用渠道传导论》，上海财经大学出版社2004年版。

100. 冯肇伯：《西方国家货币政策比较研究》，西南财经大学出版社1987年版。

101. 付一婷、范曙光：《开放经济条件下中国货币政策传导机制的计量检验》，《管理学报》2007年第5期。

102. 葛兰、易军：《我国货币政策传导中利率机制的缺失及原因分析》，《商场现代化》2006年第1期。

103. 郭哗：《货币政策信贷传导途径的最新争论及其启示》，《经济学动态》2001年第7期。

104. 郭熙保、余建军：《我国金融结构的历史演进及未来展望》，《江海学刊》2007年第2期。

105. 郭金龙：《金融复杂系统演进与金融发展》，博士学位论文，辽宁大学，2006年。

106. 高铁梅等：《计量经济分析方法与建模——Eviews应用及实例》，清华大学出版社2006年版。

107. 辜岚:《从货币传导机制看日本货币政策的失效》,《世界经济研究》2004 年第 11 期。

108. 何运信、曾令华:《有关金融变量在货币政策传导中的显著性比较》,《当代财经》2004 年第 8 期。

109. 胡海鸥等:《货币理论与货币政策》,上海人民出版社 2004 年版。

110. 胡冬梅:《我国货币政策传导机制实证研究》,《南京社会科学》2008 年第 5 期。

111. 黄泽民等:《中国金融运行研究　2006—2008 年》,经济科学出版社 2008 年版。

112. 黄达:《金融学》,中国人民大学出版社 2009 年版。

113. 黄成业:《欧盟国家的金融结构与货币政策传导及其对我国的启示》,《新金融》2004 年第 8 期。

114. 黄秀梅、龚水燕:《我国消费、储蓄和投资的利率弹性分析》,《商业研究》2003 年第 18 期。

115. 蒋瑛琨、刘艳武、赵振全:《货币渠道与信贷渠道传导机制有效性的实证分析》,《金融研究》2005 年第 5 期。

116. 孔祥毅:《金融协调理论:认识金融发展的新视角》,《金融时报》2001 年 2 月 10 日。

117. 孔祥毅:《百年金融制度变迁与金融协调》,中国社会科学出版社 2002 年版。

118. 劳平、白剑眉:《金融结构变迁的理论分析》,《厦门大学学报》2005 年第 3 期。

119. 李晓西、余明:《货币政策传导机制与国民经济活力》,《金融研究》2000 年第 7 期。

120. 李晓西等:《中国货币政策与财政政策效果评析》,人民出版社 2007 年版。

121. 李晓峰:《试论中国资本市场的结构提升》,《首都经济贸易大学学报》2005 年第 3 期。

122. 李南成:《中国货币政策传导的数量研究》,博士学位论文,西南财经大学,2004 年。

123. 李健等：《中国金融发展中的结构问题》，中国人民大学出版社 2004 年版。

124. 李成等：《中级金融学》，西安交通大学出版社 2007 年版。

125. 李军：《经济模型基础理论与应用》，中国社会科学出版社 2006 年版。

126. 李吉：《试论我国金融结构变化及其对货币政策的影响》，《淮海工学院学报》2003 年第 6 期。

127. 李琼：《信贷渠道在我国货币政策传导中的现状》，《价值工程》2008 年第 4 期。

128. 梁琪、滕建州：《中国宏观经济和金融总量结构变化及因果关系研究》，《经济研究》2006 年第 1 期。

129. 刘柏：《我国国际收支对货币政策独立性的冲击》，《财经问题研究》2005 年第 9 期。

130. 刘园等：《金融市场学》，对外经济贸易大学出版社 2002 年版。

131. 刘端：《股票市场的货币政策传导分析》，《当代经济科学》2002 年第 5 期。

132. 陆前进、卢庆杰：《中国货币政策传导机制研究》，立信会计出版社 2006 年版。

133. 马荧、朱利锋：《我国利率政策有效性的实证分析》，《重庆工商大学学报》2005 年第 8 期。

134. 马彦平：《货币政策中介目标的历史演变与现实选择》，《华北金融》2007 年第 4 期。

135. 庞加兰：《我国货币政策传导机制的路径演进分析》，《陕西经贸学院学报》2001 年第 2 期。

136. 潘海英：《功能视角下我国金融结构状况分析》，《理论探索》2007 年第 5 期。

137. 瞿强：《资产价格与货币政策》，《经济研究》2001 年第 7 期。

138. 秦翠萍：《股票市场货币政策传导机制的障碍分析》，《统计与决策》2005 年第 10 期。

139. 秦嗣毅：《美国货币政策的演变轨迹研究》，《学术交流》2003

年第 5 期。

140. 邱崇明：《现代西方货币理论与政策》，清华大学出版社 2005 年版。

141. 饶国平：《我国的金融结构与金融体系功能分析》，《河南金融管理干部学院学报》2003 年第 5 期。

142. 沈军、白钦先：《论金融研究方法论的范式转换——兼论对金融发展理论的启示》，《经济评论》2006 年第 5 期。

143. 沈军、白钦先：《金融结构、金融功能与金融效率——一个基于系统科学的新视角》，《财贸经济》2006 年第 1 期。

144. 索彦峰、于波：《转型期货币渠道与信贷渠道有效性的实证研究》，《财经论丛》2006 年第 11 期。

145. 索彦峰：《货币政策信用传导机制理论：回顾与评述》，《经济评论》2007 年第 3 期。

146. 孙敬详：《我国货币政策利率传导机制的分析与检验》，《经济师》2008 年第 8 期。

147. 孙敬水等：《计量经济学》，清华大学出版社 2004 年版。

148. 宋清华：《金融体系变迁与现代化——商业银行与资本市场关系研究》，中国财政经济出版社 2007 年版。

149. 孙杰：《货币机制中的金融过程——金融制度的国际比较》，社会科学文献出版社 1995 年版。

150. 史龙详、马宇：《经济全球化视角的金融结构变迁研究》，《世界经济研究》2007 年第 6 期。

151. 屠孝敏：《经济结构、金融结构与我国货币政策传导机制研究》，《金融与经济》2005 年第 2 期。

152. 唐旭等：《中国金融机构改革：理论、路径与构想》，中国金融出版社 2008 年版。

153. 武剑：《货币政策与经济增长——中国货币政策发展取向研究》，上海三联书店 2000 年版。

154. 吴强：《我国货币政策传导机制研究》，《改革》2004 年第 2 版。

155. 闻超群、章仁俊：《金融机构对我国信用传导的阻碍因素分析》,《商业现代化》2006 年第 10 期。

156. 王军生:《金融市场结构研究——国际经验和中国选择》,经济科学出版社 2007 年版。

157. 王军生:《金融结构优化的国际经验与借鉴》,《国际金融研究》2005 年第 10 期。

158. 王军、邢亚丽:《资本市场传导货币政策机制的理论及其实证分析》,《新金融》2002 年第 8 期。

159. 魏革军:《中国货币政策传导机制研究》,中国金融出版社2001 年版。

160. 王广谦等:《中国金融改革:历史经验与转型模式》,中国金融出版社 2008 年版。

161. 王曙光:《经济转型中的金融制度演进》,北京大学出版社2007 年版。

162. 王书贞:《试析我国货币政策信贷传导渠道阻滞的原因》,《教学与研究》2005 年第 9 期。

163. 王少国:《传统金融发展理论的缺陷:忽视结构分析》,《学术交流》2007 年第 8 期。

164. 王维安:《金融结构:理论与实证》,《浙江大学学报》2000年第 2 期。

165. 王国言:《全球金融体系结构变化的新视角:功能观点》,《财贸经济》2001 年第 2 期。

166. 王虎、索彦峰:《货币政策的资产价格传导机制:一个文献评述》,《现代管理科学》2008 年第 3 期。

167. 王旭东、李丽萍:《我国货币政策利率传导机制效果的实证检验》,《黑龙江对外经贸》2006 年第 3 期。

168. 伍海华:《西方货币金融理论》,中国金融出版社 2002 年版。

169. 吴培新:《我国货币政策中介目标作用机制的实证检验与比较》,《中国货币市场》2008 年第 3 期。

170. 吴超林:《1984 年以来中国宏观调控中的货币政策演变》,《当代中国史研究》2004 年第 5 期。

171. 谢富胜、张栋:《西方货币信用传导机制理论述评》,《山西财经大学学报》2002 年第 6 期。

172. 谢妍：《我国货币政策传导机制有效性——基于货币市场传导的实证研究》，《海南大学学报》（人文社会科学版）2007 年第 2 期。

173. 夏小东：《金融改革：结构变化与发展模式》，《中国国情国力》2007 年第 8 期。

174. 谢平等：《从通货膨胀到通货紧缩——20 世纪 90 年代的中国货币政策》，西南财经大学出版社 2001 年版。

175. 向松祚、邵智宾：《伯南克的货币理论和政治哲学》，北京大学出版社 2008 年版。

176. 向新民：《金融系统的脆弱性与稳定性研究》，中国经济出版社 2005 年版。

177. 许国志等：《系统科学》，上海科技教育出版社 2000 年版。

178. 许秋起、刘春梅：《转型期中国国有金融制度变迁的演进论解释》，《财经理论与实践》2007 年第 3 期。

179. 许小苍：《银行内部特征与货币政策银行贷款渠道关系的实证研究》，《海南金融》2009 年第 1 期。

180. 徐强：《中国货币供给、资本形成与经济增长的关系研究——兼论中国货币政策中介变量选择》，《财经研究》2001 年 8 期。

181. 徐强、韩立岩：《金融市场发展对货币政策历史实践的推动》，《证券市场导报》2004 年第 7 期。

182. 徐厦楠：《论我国货币政策传导中的利率机制》，《金融理论与实践》2004 年第 8 期。

183. 易纲：《中国的货币、银行与金融市场：1984—1993》，上海三联书店 1996 年版。

184. 余元全：《股票市场影响我国货币政策传导机制的实证分析》，《数量经济技术经济研究》2004 年第 3 期。

185. 易定红：《美联储实施货币政策的经验及其借鉴意义》，中国人民大学出版社 2004 年版。

186. 殷杰、程瑾：《我国货币政策传导机制研究》，《浙江金融》2007 年第 8 期。

187. 于洪波：《中国资本市场发展中德货币政策抉择》，东北财经大学出版社 2004 年版。

188. 禹钟华：《金融功能的扩展与提升》，博士学位论文，辽宁大学，2004 年。

189. 杨林：《德国货币政策中介目标的历史回顾与分析》，《浙江金融》1996 年第 10 期。

190. 张青青：《我国货币政策的数量效应与运行效果》，《株洲师范高等专科学校学报》2005 年第 8 期。

191. 张琦：《在 SVAR 模型下的货币政策效应分析》，《北方经济》2007 年第 10 期。

192. 张颖：《美国货币政策传导机制的历史发展与理论演进》，《经济纵横》2001 年第 9 期。

193. 张杰：《转轨经济中的金融中介及其演进：一个新的解释框架》，《管理世界》2001 年第 5 期。

194. 郑春梅：《货币传导机制与非货币资产传导机制分析——兼论中央银行货币政策的有效性》，《经济问题》2007 年第 3 期。

195. 曾宪久：《货币政策传导机制论》，中国金融出版社 2004 年版。

196. 周孟亮、王凯丽：《货币政策传导机制理论中的结构因素及其应用分析》，《中央财经大学学报》2006 年第 1 期。

197. 周孟亮、李明贤：《货币政策传导过程中的金融体系研究》，《中央财经大学学报》2007 年第 3 期。

198. 周英章、蒋振声：《货币渠道、信用渠道与货币政策有效性：中国 1993—2001 年的实证分析和政策含义》，《金融研究》2002 年第 9 期。

199. 周骏等：《货币政策与资本市场》，中国金融出版社 2002 年版。

200. 周光友、邱长溶：《货币政策传导机制理论的争议及启示》，《财经科学》2005 年第 2 期。

201. 朱烨东、陈勇：《我国货币政策利率传导机制研究》，《经济经纬》2005 年第 2 期。

202. 朱波：《金融发展与内生增长：理论及其基于中国的实证研

究》，西南财经大学出版社 2007 年版。

203．周慕冰：《西方货币政策理论与中国货币政策实践》，中国金融出版社 1993 年版。

204．周建：《宏观经济统计数据诊断——理论、方法及其应用》，清华大学出版社 2005 年版。

205．周小川：《完善法律制度，改进金融生态》，《金融时报》2004年 12 月 7 日。

206．周前锋、马智利：《对我国货币政策利率传导机制不畅的实证研究》，《广西金融研究》2005 年第 8 期。

207．中国人民银行济南分行课题组：《金融结构缺陷与货币政策传导有效性研究》，《济南金融》2005 年第 8 期。

208．张世英、樊智：《协整理论与波动模型——金融时间序列分析及应用》，清华大学出版社 2004 年版。

209．张小峒：《计量经济分析》，经济科学出版社 2000 年版。

后　记

在本书即将出版之际，我想对给予我关心的老师们、同事们，对给予我支持的家人们，对给予我帮助的出版社编辑们，表示衷心的感谢。

本书最初源于我的博士论文。我的博士导师伍海华教授，对于我的研究给予了悉心的指导，论文的选题、撰写、修改到最后定稿，都凝聚着导师辛勤的汗水和深切的期望。在博士毕业后，伍海华教授鼓励我继续对论文进行补充和修订，才有了本书的出版。

感谢青岛大学复杂性科学研究所的老师们，是他们的传道、授业、解惑指引了我在学术领域前进的方向，感谢张嗣瀛院士、杨春鹏教授、张纪会教授、高齐圣教授对我的谆谆教诲及对本书所提出的宝贵意见。

感谢我的领导、青岛大学经济学院刘喜华院长，无论是在我攻读博士期间还是撰写本书期间，刘院长都给予了很大的支持。感谢青岛大学经济学院的同仁们，在我写作期间所给予的精神支持和提出的修改建议。

感谢我的父母、公公和婆婆、丈夫和儿子给我一如既往的精神支持和帮助，使我能专心于学业，无以言表，唯有深深的感激。

感谢中国社会科学出版社任明主任对本书研究成果的肯定，感谢责任编辑侯苗苗老师对本书所进行的修订。

由于作者水平所限，本书可能还有不少疏漏之处，恳请同行专家进行批评指正。